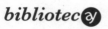

Biblioteca Âyiné 24
Pensamentos
Pensieri
Giacomo Leopardi
© Editora Âyiné, 2017, 2022
Nova edição revista
Todos os direitos reservados

Tradução Adriana Aikawa da Silveira Andrade
Preparação Érika Nogueira
Revisão Leandro Dorval Cardoso, Paulo Sérgio Fernandes
Imagem de capa Julia Geiser
Projeto gráfico Renata de Oliveira Sampaio
ISBN 978-65-5998-011-6

Âyiné

Direção editorial Pedro Fonseca
Coordenação editorial Luísa Rabello
Coordenação de comunicação Clara Dias
Assistente de comunicação Ana Carolina Romero
Assistente de design Rita Davis
Conselho editorial Simone Cristoforetti, Zuane Fabbris, Lucas Mendes

Praça Carlos Chagas, 49 — 2º andar
30170-140 Belo Horizonte, MG
+55 31 3291-4164
www.ayine.com.br
info@ayine.com.br

Pensamentos
Giacomo Leopardi

Tradução de
Adriana Aikawa da Silveira Andrade

Âyiné

Pensamentos

I.

Por muito tempo recusei crer verdadeiras as coisas que direi a seguir, porque, além de estarem demasiado distantes de minha natureza, e de o espírito tender sempre a julgar os outros a partir de si mesmo, jamais tive inclinação para odiar os homens, mas sim para amá-los. Por fim, a experiência convenceu-me dessas verdades quase que violentamente: e estou certo de que os leitores que tiveram muitas e variadas experiências com os homens confessarão que aquilo que estou por dizer é verdadeiro; para todos os outros, será exagerado, até que a experiência coloque-os diante de seus olhos, se tiverem realmente ocasião de experimentar o convívio humano.

Digo que o mundo é uma liga de malfeitores contra homens de bem, e de vis contra generosos. Quando dois ou mais malfeitores encontram-se pela primeira vez, facilmente e por sinais identificam-se pelo que são e logo se entendem; ou, caso seus interesses não se conciliem, certamente sentem simpatia um pelo outro e têm-se em grande respeito. Caso um malfeitor deva tratar e negociar com outro malfeitor, frequentemente acontece que se comporte com lealdade e não o engane; no caso de pessoas honradas, é impossível que não lhes falte com a palavra e não tente arruiná-las, sempre que lhe convier, apesar de serem pessoas corajosas e capazes de se vingar, porque os malfeitores quase sempre têm esperança de vencer, com suas fraudes, a bravura das pessoas honradas. Vi, mais de uma vez, homens temerosíssimos, diante de um malfeitor mais temerário do que eles e de uma pessoa de bem bastante corajosa, tomarem, por medo, o lado do malfeitor; aliás, isso acontece sempre que pessoas comuns encontram-se em situações semelhantes, pois as condutas do homem corajoso e de bem são conhecidas e simples, enquanto as do malfeitor são escusas e infinitamente variadas. Agora, como todos sabem, as coisas desconhecidas são mais amedrontadoras do que as conhecidas; e é fácil resguardar-se da vingança dos generosos, da qual a própria covardia e o medo salvam-nos; mas nem medo ou qualquer covardia são suficientes para evitar as perseguições secretas, as ciladas e os golpes patentes dados por inimigos vis. Geralmente, na vida cotidiana, a verdadeira coragem é pouquíssimo temida, pois, distante de qualquer impostura, é desprovida daquele aparato que torna as coisas assustadoras, sendo frequentemente desacreditada; no entanto, os malfeitores são temidos inclusive quando corajosos, pois, muitas vezes, são assim considerados em virtude da impostura.

Raros são os malfeitores pobres: pois, deixando o resto à parte, se um homem de bem cai na pobreza, ninguém o socorre, e muitos se alegram com o fato; mas, se um trapaceiro torna-se pobre, a cidade inteira ergue-se para ajudá-lo. Pode-se entender a razão sem esforços: é que, naturalmente, as desventuras de nossos companheiros e consortes tocam-nos, pois parecem ameaças a nós mesmos; e, podendo, propomo-nos prontamente a ajudar, pois transcurá-lo seria como aceitar, com clareza, em nosso íntimo, que, havendo ocasião, o mesmo nos seria feito. Logo, os malfeitores, que, no mundo, são em maior número e mais cheios de riquezas, consideram os outros malfeitores, inclusive quando não conhecidos pessoalmente, seus companheiros e consortes e, havendo necessidade, sentem-se no dever de socorrê-los, por essa espécie de liga que eu dizia haver entre eles. E parece-lhes até um escândalo que um homem conhecido por ser um malfeitor seja visto na miséria, que, nesses casos, é facilmente chamada, pelo mundo, o qual diz honrar a virtude, de castigo; castigo esse que leva à desonra e que pode prejudicar todos eles. Porém, apesar do escândalo, agem tão eficazmente que se veem poucos exemplos de trapaceiros, exceto as pessoas completamente obscuras, que, ao caírem em má sorte, não remediam as coisas de um modo conveniente.

Ao contrário, os bons e magnânimos, por diferirem da maioria, são quase tidos como criaturas de outra espécie e, consequentemente, não só são desconsiderados como consortes e companheiros, mas também como participantes dos direitos sociais;

e, como sempre se vê, são perseguidos mais ou menos gravemente quanto maior a baixeza de ânimo e a maldade do tempo e do povo em que, casualmente, vivem, e também quanto mais ou menos famosos forem. Porque, assim como nos corpos dos animais, a natureza tende sempre a expurgar os humores e princípios que não condizem com aqueles que compõem esses corpos; e, desse modo, nas agregações de muitos homens, a mesma natureza faz com que se tente destruir ou expulsar quem grandemente se diferencia do universal do grupo, sobretudo se essa diferença é também contrariedade. Do mesmo modo, costumam ser odiadíssimos os bons e os generosos, pois normalmente são sinceros e dão às coisas seus devidos nomes — crime não perdoado pelo gênero humano, que jamais odeia quem faz o mal, e nem o próprio mal em si, tanto quanto quem o nomeia. De modo que, muitas vezes, quem faz o mal obtém riquezas, honras e poder, enquanto quem o nomeia é arrastado à forca, pois os homens estão prontos para sofrer qualquer coisa vinda dos outros ou dos céus, desde que, em palavras, estejam salvos.

II.

Se percorrermos a vida dos homens ilustres e olharmos os que o são não pelo que escrevem, mas por suas ações, teremos muita dificuldade de encontrar homens realmente grandes, cujo pai não tenha faltado na infância. Falando dos que vivem de renda, deixo estar que aquele que ainda tem o pai vivo comumente é um homem sem riqueza e, portanto, não pode nada no mundo; mas, ao mesmo tempo, é rico em potencial, por isso não se preocupa em conquistar nada com o próprio esforço, que lhe renderia ocasião para grandes feitos; o que, entretanto, é incomum, pois, geralmente, os que fizeram grandes coisas tiveram abundância, ou certamente eram bastante providos com os bens da fortuna desde o princípio. Mas, deixando tudo isso de lado, o poder paterno, em todas as nações que têm leis, traz consigo uma espécie de escravidão dos filhos, que, por ser doméstica, é mais angustiante e mais sensível que a civil; e que, embora possa ser atenuada pelas leis, pelos costumes públicos ou pelas qualidades peculiares das pessoas, nunca deixa de produzir um efeito danosíssimo: um sentimento que o homem, enquanto tem o pai vivo, carrega perpetuamente na alma, confirmado pela opinião que muitos têm dele, clara e inevitavelmente. Falo de um sentimento de sujeição e de dependência, de não ser livre, senhor de si mesmo, aliás, de não ser uma pessoa inteira, mas uma parte, um membro somente, e de ter um nome que mais pertence a outros do que a si. É quase impossível que esse sentimento — mais profundo nos que seriam mais aptos às coisas, pois, tendo o espírito mais desperto, são mais capazes de sentir e hábeis para perceber a verdade da própria condição — caminhe junto com o projeto, quem dirá com a ação de alguém grande. Tendo passado, desse modo, a juventude, é inútil dizer que o homem, que sente ter poder sobre si mesmo pela primeira vez aos quarenta ou cinquenta anos, não se sinta estimulado e, mesmo que se sentisse, não tenha ímpeto, nem força nem tempo suficiente para grandes ações. De modo que, também nesse lado, verificamos que não há bem algum no mundo que não seja acompanhado de males de mesma medida: pois a utilidade inestimável de, durante a juventude, ter, no pai, um guia esperto e amoroso, como não há igual, é compensada por uma espécie de nulidade da juventude e da vida em geral.

III.

A sabedoria econômica deste século pode ser avaliada pelo avanço das edições chamadas compactas, nas quais o consumo de papel é pouco e o da vista, infinito. Se bem que, em defesa da economia de papel nos livros, seja possível alegar que o costume do século é imprimir muito e nada ler. E esse costume inclui também ter abandonado os caracteres redondos, que se usava comumente na Europa nos séculos passados, e substituí-los por caracteres longos, acrescentando o brilho do papel, coisas tão belas de ver quanto prejudiciais aos olhos durante a leitura, mas bem compreensíveis em um tempo em que os livros são impressos para serem vistos e não para serem lidos.

IV.

O que se segue não é um pensamento, mas uma história, que trago aqui para distrair o leitor. Um amigo meu, aliás, meu companheiro de vida, Antonio Ranieri, jovem que, se sobreviver e não tiver seus dons naturais inutilizados pelos homens, logo terá um nome bastante conhecido, morava comigo em Florença, em 1831. Em uma noite de verão, passando pela Via Buia, encontrou, a seu lado, na praça da catedral, sob uma janela térrea do palácio, que agora pertence aos Riccardi, várias pessoas que diziam assustadas: «Ai, o fantasma!». E, olhando pela janela do quarto, no qual não batia outra luz senão a de uma das lanternas da cidade, viu a sombra que parecia ser de uma mulher, chacoalhando os braços para cá e para lá, com todo o resto imóvel. Mas, tendo outros pensamentos na cabeça, seguiu em frente e, nem naquela noite, nem no outro dia, lembrou-se daquela circunstância.

Na noite seguinte, no mesmo horário, calhando de passar novamente pelo mesmo local, encontrou reunida uma multidão maior que a da noite anterior e ouviu que repetiam com o mesmo terror: «Ai, o fantasma!». E, olhando de novo pela janela, reviu a mesma sombra que, mesmo sem fazer nenhum outro movimento, movia os braços. A janela ficava a uma altura não maior que a estatura de um homem, e, em meio à multidão, alguém que parecia um guarda disse: «Se alguém me sustentasse nos ombros, eu subiria para ver o que há lá dentro». Ao que respondeu Ranieri: «Se o senhor sustentar-me, subo eu.» E, tendo o outro dito «suba», subiu, pondo os pés nos ombros dele, e encontrou, junto às grades da janela, estendido no encosto de uma cadeira, um avental preto, que, agitado pelo vento, dava aquela aparência de braços que se moviam; e, sobre a cadeira, apoiada no mesmo encosto, uma roca de fiar, que parecia a cabeça da sombra, roca essa que Ranieri tomou nas mãos e mostrou ao povo reunido, o qual, rindo muito, dispersou-se.

Para que serve essa historinha? Para divertir os leitores, como eu disse, e por suspeitar que não seja inútil à crítica histórica e à filosofia saber que, no século XIX, bem no meio de Florença, cidade mais culta da Itália, em que o povo é particularmente mais entendido e mais civilizado, veem-se fantasmas, que se acredita serem espíritos, mas que são rocas de fiar. E abstenham-se aqui de rir de nossas coisas os estrangeiros, como fazem com gosto, pois é sabido que nenhuma das três grandes nações que, como dizem os jornais, *marchent à la tête de la civilisation*, creem menos em espíritos do que a italiana.

V.

Nas coisas ocultas, sempre enxerga melhor a minoria; nas evidentes, a maioria.

É absurdo alegar, nas questões metafísicas, o que chamamos de senso comum — senso comum esse que não tem valor nenhum nas coisas físicas e submetidas aos sentidos, como, por exemplo, na questão do movimento da terra e em mil outras. E, quando ocorre, é temerário, perigoso e, a longo prazo, inútil comparar a opinião da maioria nos temas civis.

VI.

A morte não é um mal, pois liberta o homem de todos os males e, juntamente com os bens, tira-lhe todos os desejos. A velhice é um mal extremo, pois priva o homem de todos os prazeres, deixando-lhe as vontades, e traz consigo todas as dores. A despeito disso, os homens temem a morte e desejam a velhice.

VII.

Existe, é estranho dizer, um desprezo pela morte e uma coragem mais repugnante e mais desprezível do que o medo: é a dos negociantes e de outros homens que se dedicam a ganhar dinheiro, e que, muitíssimas vezes, por ganhos mesmo mínimos e por sórdidas economias, recusam-se obstinadamente a adotar medidas de cuidado e providências necessárias à própria conservação, expondo-se a riscos extremos, em que, não raramente, heróis vis padecem de morte vituperada. Dessa abominável coragem, há exemplos famosos, que provocaram danos e tragédias em povos inocentes, na ocasião da peste, mais conhecida como *Cholera Morbus*, que flagelou a espécie humana nestes últimos anos.

VIII.

Um dos erros graves que os homens cometem diariamente é crer que seu segredo será mantido. Não somente o segredo sobre o que revelam em confidência, mas também sobre o que, independentemente de sua vontade, ou apesar dela, é visto ou sabido por qualquer um, quando seria conveniente mantê-lo oculto. Ora, eu digo que alguém erra sempre que, sabendo que algo seu é conhecido por outras pessoas, não dá por certo que já seja conhecido publicamente, seja qual for o dano ou a vergonha que lhe possa causar. Considerando o próprio interesse, os homens contêm-se, com muito esforço, para não revelar suas coisas ocultas; mas, quando se trata dos outros, ninguém cala. E, se você quiser certificar-se disso, examine-se a si mesmo e veja quantas vezes o desprazer, o dano ou a vergonha que pudessem ser causados a outros o impediram de revelar algo que você sabia; não digo revelar a muitos, mas pelo menos a este ou àquele amigo, o que dá no mesmo. No estado social, nenhuma necessidade é maior do que a de conversar, forma principalíssima de passar o tempo, que é uma das primeiras necessidades da vida. E nenhum assunto é mais valioso do que aquele que desperta a curiosidade e manda embora o tédio: o que fazem as coisas ocultas e novas. Por isso, adote definitivamente esta regra: as coisas que você não quer que ninguém saiba que fez, não só não as diga como também não as faça. E aquelas que você não puder ou não pôde evitar, dê por certo que são sabidas, mesmo quando não se percebe.

IX.

Não se pense que os opositores de alguém que, contrariando a opinião dos outros, previu o acontecimento de algo que depois se verificou, ao verem o fato, vão dar-lhe razão e considerá-lo mais sabido ou mais esperto do que eles, porque negarão o fato ou a predição, alegarão que as circunstâncias diferem ou, de todo modo, encontrarão motivos para convencer a si próprios e a outros de que sua opinião estava certa, e a contrária, errada.

X.

Sabemos que a maior parte das pessoas que designamos para educar nossos filhos certamente não foi educada. E nem duvidamos de que essas pessoas não possam dar o que não receberam e que, por outra via, não se adquire.

XI.

Há séculos que, para não falar do resto, têm a presunção de recriar tudo nas artes e nas disciplinas, pois nada sabem fazer.

XII.

Aquele que conquistou um bem com esforço e sofrimento, ou depois de muita espera, quando vê outros conquistarem a mesma coisa com facilidade e rapidez não perde efetivamente nada do que possui e, no entanto, odeia naturalmente tal fato, porque, na imaginação, o bem obtido reduz-se desmedidamente quando se torna comum a quem, para obtê-lo, gastou e penou pouco ou nada. Por isso, o operário da parábola evangélica lamenta-se, como se fosse uma injúria, que um pagamento igual ao seu seja dado aos que trabalharam menos; e os frades de certas ordens têm, por hábito, tratar os noviços com uma espécie de aspereza, por temor que atinjam rapidamente o *status* que eles próprios conquistaram com dificuldade.

XIII.

Bela e amável ilusão é considerar que o dia do aniversário de um acontecimento que, na realidade, não tem a ver com esse mais do que com os outros dias do ano tenha, com aquele dia, uma relação especial, como se uma sombra do passado sempre ressurgisse e retornasse naqueles dias e estivesse diante de nós. Dia esse em que é remediado, em parte, o triste pensamento de anular o que aconteceu, e é aliviada a dor de muitas perdas, como se essas festividades fizessem com que o que passou, e que não retorna mais, não morresse nem fosse completamente perdido. Como se, estando em lugares onde aconteceram coisas memoráveis para nós, ou por si mesmas, e dizendo «aqui aconteceu isto, e ali, aquilo», sentíssemo-nos mais próximos dos acontecimentos do que quando estamos em outros lugares. Assim, quando dizemos «hoje faz um ano», ou «há tantos anos aconteceu tal coisa», essa coisa parece-nos mais presente, ou menos passada, do que nos outros dias. E essa imaginação é tão enraizada no homem que, dificilmente, parece possível crer que o dia comemorativo seja tão indiferente da coisa como qualquer outro dia. De modo que comemorar anualmente as festividades importantes, tanto religiosas como civis, tanto públicas como privadas, dias de nascimento e de morte de pessoas queridas e outras semelhantes, foi e é comum a todas as nações que têm, ou melhor, que tiveram recordações e calendário. E notei, interrogando várias pessoas sobre o assunto, que os homens sensíveis e acostumados à solidão ou a conversar internamente são, com frequência, grandes estudiosos dos aniversários e vivem, por assim dizer, de relembranças desse gênero, sempre recordando e dizendo consigo mesmos: «Em um dia do ano como o de hoje, ocorreu-me esta ou aquela coisa».

XIV.

Não seria pequena a infelicidade dos educadores e, sobretudo, dos pais, se pensassem — o que é muito verdadeiro — que seus filhos, independentemente da índole que tiveram a sorte de ter e do esforço, da diligência e da despesa dos quais se disponha para educá-los, ao experimentar o mundo, se a morte não os impedir, quase indubitavelmente se tornarão malvados. Talvez essa resposta fosse mais válida e mais razoável do que a de Tales, que, questionado por Sólon sobre o porquê de não se casar, respondeu mostrando a inquietude dos genitores em relação aos infortúnios e perigos de sua prole. Seria mais válido e mais razoável escusar-se dizendo não querer aumentar o número de malvados.

XV.

Quílon, nomeado entre os sete sábios da Grécia, ordenava que o homem forte de corpo fosse doce de modos, a fim de inspirar, nos outros, mais reverência do que temor. Nunca é supérflua a afabilidade, a suavidade de modos, e até a humildade, naqueles que são manifestamente superiores à média dos homens em algo muito desejado no mundo, como a beleza e o engenho; pois é demasiado grave a culpa pela qual devem implorar perdão, e demasiado orgulhoso e difícil o inimigo que devem aplacar: respectivamente, a superioridade e a inveja. Esta, acreditavam os antigos, quando se encontravam em situação de grandeza e prosperidade, convinha aplacar nos próprios deuses, expiando, com humilhações, ofertas e penitências voluntárias, o quase inexpiável pecado da felicidade ou da excelência.

XVI.

Se tanto ao culpado como ao inocente é reservado o mesmo fim, diz o imperador Oto, em Tácito, mais vale ao homem morrer merecidamente. Um pouco diferente creio serem os pensamentos de alguns que, tendo alma grande e sendo nascidos na virtude, ao entrar no mundo e ao experimentar a ingratidão, a injustiça, o infame furor dos homens contra seus semelhantes e, mais ainda, contra os virtuosos, abraçam a maldade não por corruptela, nem por seguirem um exemplo, como os fracos, nem mesmo por interesse, ou por desejar demais os vis e frívolos bens humanos, nem, enfim, por esperança de salvar-se da maldade geral, mas por livre escolha e para vingar-se dos homens e dar-lhes o troco, empunhando contra eles suas armas. A maldade dessas pessoas é tão mais profunda quanto mais vier da experiência da virtude, e tão mais formidável quanto mais unida à grandeza e à força do espírito, coisa incomum, e é uma espécie de heroísmo.

XVII.

Assim como as prisões e as cadeias estão cheias de gente que se diz inocentíssima, os órgãos públicos e ofícios de toda espécie não são requeridos senão por pessoas intimadas e, apesar de sua vontade, constritas a isso. É quase impossível encontrar alguém que confesse ter merecido as penas que paga ou ter buscado ou desejado as honras de que goza; mas talvez seja menos possível essa última do que a outra.

XVIII.

Vi, em Florença, uma pessoa que, puxando uma carroça cheia de coisas, feito um animal de tração, como se usa ali, caminhava com grande soberba, gritando e ordenando que os transeuntes dessem passagem. E pareceu-me o símbolo de muitos que caminham cheios de orgulho, insultando os outros por razões não diferentes da que causava soberba naquele homem, ou seja, puxar uma carroça.

XIX.

Há algumas pessoas no mundo condenadas a dar-se mal com os homens em tudo, pois, não por experiência, nem por pouca percepção da vida social, mas por sua natureza imutável, não sabem abandonar certa simplicidade de modos, desprovida de aparências e de um quê de mentiroso e artificial que todos os outros, inclusive sem perceber, e até os tolos, usam e têm sempre em seus modos e que, neles e para eles mesmos, é dificílimo distinguir do natural. As pessoas das quais falo, sendo visivelmente diferentes das outras, como são consideradas inábeis às coisas do mundo, são vilipendiadas e maltratadas até pelos inferiores, além de pouco escutadas ou obedecidas pelos empregados: porque todos se consideram mais do que elas e olham-nas com soberba. Todos que têm alguma relação com elas tentam enganá-las e prejudicá-las em proveito próprio, mais do que fariam com outros, crendo ser fácil e possível fazê-lo impunemente, de modo que, de todos os lados, faltam-lhes com a palavra, cometem abusos e contestam o justo e o devido. Em qualquer concorrência são superadas, até por pessoas muito inferiores a elas, não somente no engenho ou em outras qualidades intrínsecas, mas também naquelas que o mundo conhece e aprecia mais, como a beleza, a juventude, a força, a coragem e também a riqueza. Finalmente, qualquer que seja seu *status* na sociedade, não podem alcançar o grau de consideração que alcançam os camponeses e os carregadores. E, de certo modo, é compreensível, pois não é um defeito pequeno ou uma desvantagem natural não conseguir aprender aquilo que os mais tolos aprendem com muita facilidade, ou seja, a arte que faz os homens e os meninos parecerem homens. E digo não conseguir apesar de todos os esforços. Porque essas pessoas, embora sejam, por natureza, inclinadas ao bem, mesmo conhecendo a vida e os homens melhor do que muitos outros, não são justamente, como às vezes parece, melhores do que seja permitido ser sem merecer a vergonha desse título, e são desprovidas das maneiras do mundo não por bondade ou por escolha, mas porque toda sua vontade e seu esforço para aprendê-las resultam vãos. De modo que não resta outra coisa a elas senão adaptar o ânimo à sua sorte e cuidar-se, sobretudo, para não desejar esconder ou dissimular a própria franqueza e o modo natural que lhes são próprios, pois não há nada pior, nem tão ridículo, do que afetar a afetação ordinária dos outros.

xx.

Se eu possuísse o engenho de Cervantes, faria um livro para expurgar da Itália, aliás, do mundo civilizado, como ele fez na Espanha com a imitação dos cavaleiros errantes, um vício que, comparado à mansuetude dos costumes atuais, e talvez de modo geral, não é menos cruel nem menos bárbaro do que qualquer avanço da ferocidade do tempo medieval purgado por Cervantes. Falo do vício de ler ou declamar aos outros as composições próprias, vício antiquíssimo, que, nos séculos passados, foi uma aflição tolerável, pois rara; mas que, hoje, quando todos compõem, e uma vez que a coisa mais difícil é encontrar alguém que não seja autor, tornou-se um flagelo, uma calamidade pública e uma nova atribulação da vida humana. Não é brincadeira, mas verdade, que, por conta desse vício, os conhecidos são suspeitos, os amigos, perigosos, e que não há hora nem lugar em que um inocente qualquer não deva temer ser tomado de assalto e submetido, ali mesmo ou arrastado para outro lugar, ao suplício de ouvir prosas sem fim ou versos aos milhares, não mais com a desculpa de querer-se saber sua opinião — desculpa que, por muito tempo, foi usada para justificar essas apresentações —, mas ouvindo simples e exclusivamente para dar prazer ao autor, além dos elogios necessários no final. Em sã consciência, creio que em pouquíssimas coisas apareça mais a infantilidade da natureza humana, de um lado, e a que extremo de cegueira, na verdade de obstinação, o homem é levado pelo amor próprio; e, de outro, o quanto nossa alma possa iludir-se em relação ao que se demonstra nessa ação de declamar os escritos próprios. Pois, mesmo tendo consciência do incômodo inefável que é ouvir as coisas dos outros, vendo tornarem-se atônitas e pálidas as pessoas convidadas a ouvi-lo, alegando todo tipo de impedimento para escusar-se e até fugindo e escondendo-se o máximo possível, com uma cara de pau e com a perseverança extraordinária de um urso esfomeado, o autor persegue sua presa por toda a cidade e, ao alcançá-la, atira onde mirou. E, enquanto dura a recitação, percebendo que o infeliz ouvinte primeiro boceja e depois se espreguiça, contorce-se e dá centenas de outros sinais de angústia mortal, nem assim interrompe ou dá trégua; pelo contrário, cada vez mais orgulhoso e obstinado, continua discursando e gritando por horas, aliás, por dias e noites inteiras até ficar rouco, até que, muito tempo depois de aturdido o ouvinte, ele próprio ainda não sente as forças exauridas, embora não saciado. Nesse tempo e nessa carnificina que o homem faz de seu próximo, certamente ele sente um prazer quase sobre-humano e paradisíaco, pois vemos que as pessoas deixam, por isso, todos os outros prazeres, esquecem-se do sono e da comida, desaparecem, a seus olhos, a vida e o mundo. E esse prazer consiste em uma crença firme de que o homem tem de despertar admiração e dar prazer a quem o ouve; se assim não fosse, daria no mesmo declamar para o deserto ou para as pessoas. Ora, como eu disse, todos sabem, por experiência, qual é o prazer de quem ouve (propositalmente digo sempre *ouve* e não *escuta*), e quem declama o vê, e bem sei que muitos prefeririam, em vez de um prazer semelhante, um sofrimento corporal grave. Até os escritos mais belos e de maior apreço, declamados pelo próprio autor, tornam-se mortais em tédio; quanto a esse propósito, notava um filólogo amigo meu: se é verdade que Otávia, vendo Virgílio ler o Canto vi da *Eneida*, sofreu um desmaio, é possível que isso lhe tenha acontecido não tanto pela lembrança de seu filho Marcelo, como dizem, como pelo tédio de ouvir ler.

Assim é o homem. E esse vício tão bárbaro, e tão ridículo e contrário ao senso de criatura racional é realmente uma doença da espécie humana, pois não há nação pagã, nem condição alguma do homem, nem século em que essa peste não seja comum. Italianos, franceses, ingleses, alemães: homens sisudos, sabidíssimos em outras coisas, cheios de engenho e de valor; homens experientíssimos quanto à vida social; educadíssimos de modos, que adoram notar as bobagens e criticá-las: todos se tornam meninos cruéis nas ocasiões em que recitam seus escritos. E, assim como é um vício de nossa época, também o foi no tempo de Horácio, que já o considerava insuportável, e de Marcial, que, ao ser questionado por alguém sobre por que não lia seus versos, respondia: «Para não ouvir os teus»; e assim também foi na melhor época da Grécia, quando contam que Diógenes, o cínico, estando em companhia de outros, todos doentes de tédio em uma dessas leituras, vendo, nas mãos do autor, a luz clarear o papel no fim do livro, disse: «Coragem, amigos, vejo a terra».

Mas hoje a coisa está de um modo que os ouvintes, mesmo forçados, dificilmente podem ser suficientes para dar conta dos autores. De forma que alguns conhecidos meus, homens industriosos, levando em conta esse ponto e convencidos de que declamar as composições próprias seja uma das necessidades da natureza humana, pensaram em solucionar a questão, transformando-a, ao mesmo tempo, como se transformam todas as necessidades públicas, em uma utilidade particular. E, para tal efeito, abrirão, em breve, uma escola ou academia, ou seja, um ateneu de escuta, onde, a qualquer hora do dia e da noite, estes, ou pessoas pagas por eles, escutarão, por preços preestabelecidos, quem desejar ler, os quais serão: para a primeira hora de prosa, um escudo; para a segunda, dois; para a terceira, quatro; para a quarta, oito; e assim por diante, em progressão aritmética. Para ouvir poesia, o dobro. Se quiser voltar a ler qualquer passagem já lida, como acontece: uma lira por verso. Se o ouvinte adormentar-se, será devolvida ao leitor a terceira parte do preço devido. Para convulsões, síncopes e outros incidentes leves ou graves que vierem a acontecer a um ou a outro durante as leituras, a escola terá essências e remédios que serão dispensados gratuitamente. Dessa maneira, tornando matéria de lucro uma coisa até então infrutífera, que são os ouvidos, será aberta uma nova estrada à indústria, com aumento da riqueza geral.

XXI.

Não há prazer mais vivo e duradouro ao falar do que quando discorremos sobre nós mesmos e sobre as coisas com as quais estamos ocupados ou que nos pertencem de algum modo. Qualquer outro discurso entedia em pouco tempo; e isso que é prazeroso para nós é um tédio mortal para quem escuta. Não se adquire título de amável senão a custo de sofrimento; pois amável, ao conversar, é aquele que gratifica o amor próprio dos outros e que, em primeiro lugar, escuta muito e cala muito, o que é tediosíssimo, pois deixa que os outros falem o quanto quiserem de si e de suas coisas próprias; aliás, coloca-os em considerações desse tipo e fala ele mesmo dessas coisas até, nesse pacto, estarem os primeiros contentíssimos de si, e os que ouvem, cansadíssimos dos primeiros. Pois, em suma, se a melhor companhia é aquela da qual nos despedimos satisfeitos de nós mesmos, é quase uma consequência que a tenhamos deixado entediada. A conclusão é que, na conversação ou em qualquer conversa que não se tenha por finalidade entreter-se por meio da fala, quase inevitavelmente o prazer de uns é o tédio dos outros, nem se pode esperar outra coisa que não seja entediar-se ou aborrecer-se, e a sorte de participar deste ou daquele é a mesma.

XXII.

Assaz difícil me parece decidir se é mais contrário aos princípios básicos da civilidade ter o hábito de falar longamente de si ou se é mais raro um homem isento desse vício.

XXIII.

Aquilo que se diz comumente, que a vida é uma representação cênica, acontece, sobretudo, neste sentido: o mundo fala constantemente de uma maneira e age constantemente de outra. Dessa comédia, na qual todos são atores, pois todos falam do mesmo modo, e quase ninguém é espectador — pois a linguagem vazia do mundo não engana senão as crianças e os tolos —, deriva que tal representação tornou-se uma coisa completamente inútil, tédio e esforço sem causa. No entanto, seria uma empresa digna, em nosso século, tornar a vida, por fim, uma ação não simulada, mas verdadeira; conciliar, pela primeira vez no mundo, a famosa discórdia entre os ditos e os fatos. E, por larga experiência, sendo os fatos conhecidos imutáveis, e não sendo mais conveniente aos homens esforçar-se por algo impossível, seria o caso de aliar-se ao meio que é, ao mesmo tempo, único e facílimo, embora, até hoje, não tentado: mudar os ditos e, uma vez, chamar as coisas por seus nomes.

XXIV.

Ou eu me engano, ou rara, em nosso século, é a pessoa elogiada pela maioria cujos elogios não tenham começado de sua própria boca. O egoísmo é tanto, e é tanta a inveja e o ódio que os homens carregam uns pelos outros, que, para conquistar um nome, não basta fazer coisas louváveis, mas é preciso elogiá-las ou encontrar alguém que as exalte e engrandeça continuamente, o que dá no mesmo, entoando-as em voz alta aos ouvidos do público, para constringir as pessoas, seja pelo exemplo ou pela audácia e pela perseverança, a repetir parte daqueles elogios. Espontaneamente, não espere que façam algo, por mais grandeza de valor que se demonstre e pela beleza das obras realizadas. Olham e calam eternamente; e, podendo, impedem que outros vejam. Quem quer se erguer, mesmo que por virtude verdadeira, deve abandonar a modéstia. Também nisso, o mundo é semelhante às mulheres: com vergonha e discrição, dele não se consegue nada.

XXV.

Ninguém está tão completamente desenganado do mundo, nem conhece-o tão de dentro ou sente por ele tanto ódio que, ao olhar um lado seu com bondade, não se sinta em parte reconciliado com ele; assim como ninguém que conhecemos é tão malvado que, ao nos cumprimentar educadamente, não nos pareça menos malvado do que antes. Essas observações valem para demonstrar a fraqueza do homem, não para justificar os malvados ou o mundo.

XXVI.

Alguém que é inexperiente na vida, e, por vezes, até o experiente, nos primeiros instantes em que é tomado por algum infortúnio, sobretudo quando não tem culpa, mesmo quando os amigos e os familiares, ou os homens em geral, correm para animá-lo, não espera deles nada mais que a comiseração e o conforto, e, sem falar em ajuda, espera que tenham por ele mais amor ou cuidado do que antes. Nem de longe lhe passa pelo pensamento ver-se, por conta da desventura ocorrida, quase degradado na sociedade, quase transformado, aos olhos do mundo, em réu de algum delito, caindo em desgraça entre os amigos; ou ver amigos e conhecidos fugindo para todos os lados e, de longe, rindo do fato e colocando-o no centro de chacotas. De modo semelhante, quando lhe acontece alguma prosperidade, um dos primeiros pensamentos que surge é dividir sua alegria com os amigos, e que, talvez, o acontecido alegre mais ao amigo do que a ele mesmo. Nem lhe passa pela cabeça que, ao anunciar o caso próspero, o rosto das pessoas queridas possa contrair-se e fechar-se, ou então desconcertar-se; ou que muitos se esforcem para, no início, não acreditar, diminuindo, depois, o valor da conquista para si e para o outro; ou ver, em alguns, por causa da prosperidade, esfriar a amizade, e, em outros, vê-la transformar-se em ódio; e, finalmente, que não poucos coloquem seu poder e sua ação para despojá-lo do bem conquistado. Assim é a imaginação do homem em seus conceitos, e a própria razão, naturalmente distante e avessa à realidade da vida.

XXVII.

Não há sinal maior de ser pouco filósofo e pouco sábio do que desejar sábia e filosófica toda a vida.

XXVIII.

O gênero humano e qualquer mínima porção dele, afora os indivíduos tomados singularmente, divide-se em duas partes: uns usam a prepotência, e outros sofrem com ela. Não há lei, nem força, nem progresso da filosofia ou da civilização que possam impedir que o homem, nascido ou por nascer, esteja de um lado ou de outro; resta somente a escolha de quem puder escolher. A verdade é que nem todos podem, e nem sempre.

XXIX.

Nenhuma profissão é tão estéril quanto a das letras. Mas é tão grande no mundo o valor da impostura que, com a ajuda dela, até as letras tornam-se frutíferas. A impostura é, por assim dizer, a alma da vida social, e uma arte sem a qual nenhuma arte e nenhuma faculdade é perfeita no tocante a seus efeitos no espírito humano. Sempre que se examina a sorte de duas pessoas, tendo uma delas valor verdadeiro em algo, e a outra, valor falso, veremos que esta é mais sortuda do que aquela; aliás, na maior parte das vezes, esta é sortuda, e aquela não tem sorte. A impostura vale e tem efeito também sem o verdadeiro; mas o verdadeiro sem ela não pode nada. Não creio que isso se origine de uma inclinação de nossa espécie para o mal, mas, sendo o verdadeiro sempre demasiado pobre e defeituoso, o homem precisa, em tudo, de um pouco de ilusão e de prestígio para deleitar-se e para agir, e prometer mais e melhor do que é possível dar. A própria natureza é impostora em relação ao homem, e não torna sua vida mais amável ou suportável, senão, principalmente, por meio da imaginação e do engano.

xxx.

Assim como o gênero humano costuma criticar as coisas presentes e elogiar as passadas, grande parte dos viajantes, enquanto viaja, ama sua terra natal e prefere-a, tendo uma espécie de ódio do local em que se encontra. Ao voltar a seu lugar nativo, com o mesmo ódio o coloca em último lugar entre todos os outros lugares em que esteve.

xxxi.

Em cada país, os vícios e os males universais dos homens e da sociedade humana são percebidos como específicos do local. Nunca fui a lugar algum onde não tenha ouvido: «Aqui as mulheres são vazias e inconstantes, leem pouco e são mal instruídas; aqui, o povo é interessado na vida dos outros, é fofoqueiro e malfalante; aqui reina a inveja, e as amizades são pouco sinceras»; e assim por diante, como se, em outro lugar, as coisas acontecessem de outro modo. Os homens são míseros por necessidade e decididos a acreditarem que são míseros por acidente.

XXXII.

Na medida em que ganha conhecimento prático da vida, o homem atenua a severidade que faz com que os jovens, sempre buscando a perfeição, esperando encontrá-la e comparando todas as coisas à ideia que fazem dela no espírito, tenham tanta dificuldade de perdoar os defeitos e de dar valor às virtudes escassas ou ausentes e às pequenas qualidades que encontram nos homens. Depois, vendo como tudo é imperfeito e convencendo-se de que não há nada melhor no mundo do que o pouco bom que os jovens desprezam, bem como de que quase nenhuma coisa ou pessoa é realmente estimável, os homens pouco a pouco mudam a medida e, comparando o que se apresenta diante de si não com o perfeito, mas com o verdadeiro, acostumam-se a perdoar livremente e a dar valor a cada virtude medíocre, a cada sombra de valor, a cada pequena capacidade que encontram, de forma que, no final, julgam louváveis muitas coisas e muitas pessoas que, antes, consideravam apenas suportáveis. E isso vai além, pois aqueles que, a princípio, quase não tinham vocação para sentir estima tornam-se, com o passar do tempo, quase inábeis a desprezar, principalmente quando são mais ricos de inteligência. Pois, na verdade, passada a primeira juventude, ser uma pessoa desprezadora e incontentável não é um bom sinal; estas, por pouca inteligência ou, certamente, por pouca experiência, não devem ter conhecido o mundo ou, então, são daqueles tolos que, pela grande estima que têm de si mesmos, desprezam os outros. Enfim, parece pouco provável, mas é verdade e não significa outra coisa senão a extrema miséria das coisas humanas, dizer que a experiência do mundo ensina mais a elogiar do que a desprezar.

XXXIII.

Os enganadores medíocres e as mulheres, em geral, creem sempre que suas fraudes tiveram êxito e que as pessoas foram pegas por elas; porém, os mais astutos duvidam, conhecendo melhor, de um lado, as dificuldades da arte e, de outro, o poder, e sabendo que aquilo que eles desejam — isto é, enganar — todos desejam; por conta dessas duas últimas causas, frequentemente o enganador termina enganado. Além do que, os mais astutos não consideram os outros tão pouco espertos como costuma imaginá-los quem entende pouco.

XXXIV.

Os jovens, muito frequentemente, acreditam que se tornam amáveis fingindo-se melancólicos. Talvez, quando fingida, a melancolia possa agradar por um breve período, sobretudo às mulheres. Mas, quando é verdadeira, todo o gênero humano foge dela. E, a longo prazo, não agrada nem tem sorte nas relações entre os homens senão a alegria, porque, enfim, ao contrário do que pensam os jovens, e não sem razão: o mundo ama rir, não chorar.

XXXV.

Em alguns lugares, a meio caminho entre o civilizado e o bárbaro, como é, por exemplo, Nápoles, pode-se observar, mais do que em outros, algo que acontece em todos os lugares: o homem que se acredita não ter dinheiro não é estimado, é apenas um homem; se considerado endinheirado, tem a vida sempre em risco. E, consequentemente, torna-se necessário, em certos lugares, o que em geral se pratica: a decisão de fazer do próprio estado um mistério, em termos de dinheiro, para que as pessoas não saibam se lhe devem desprezar ou matar, de modo que se seja somente o que os homens ordinariamente são: meio desprezados e meio estimados, às vezes prejudicados e, às vezes, deixados em paz.

XXXVI.

Muitos querem comportar-se de modo infame em relação a você, e, ao mesmo tempo, sob pena de ter o ódio deles, de um lado você percebe que não é um impedimento à sua vilania e, de outro, não os reconhece como infames.

XXXVII.

Nenhuma qualidade humana é mais intolerável na vida ordinária, nem de fato menos tolerada, que a intolerância.

XXXVIII.

Uma vez que a arte de defender-se é inútil quando travam combate entre si dois combatentes iguais em perícia, pois nenhum leva vantagem sobre o outro, é como se os dois fossem inexpertos. Da mesma forma, frequentemente acontece que os homens são falsos e malvados em vão, pois se embatem com uma mesma maldade e simulação, de modo que o resultado é o mesmo que ocorreria se um lado ou outro tivesse sido sincero e direito. No fim das contas, não há dúvida de que a maldade e a hipocrisia sejam úteis somente se unidas à força, e quando atacam uma maldade e astúcia menor ou, então, a bondade. O último caso é raro; o segundo, quanto à maldade, é incomum, pois a maior parte dos homens é malvada de um modo, poucos são mais ou menos. É incalculável, porém, quantas vezes estes poderiam obter, com facilidade, o mesmo que obtém com esforço, ou até não obtém, se fizessem o bem uns aos outros em vez de fazerem o mal ou de esforçarem-se para fazer o mal.

XXXIX.

Baldassare Castiglione, em *O cortesão*, designa muito convenientemente o motivo pelo qual os velhos costumam elogiar o tempo em que eram jovens e criticar o presente. Diz ele:

Creio que a causa dessa falsa opinião dos velhos exista porque os anos, quando passam, levam consigo muitas comodidades e, entre outras coisas, tiram do sangue grande parte dos espíritos vitais, de modo que o organismo muda, e tornam-se fracos os órgãos, nos quais a alma trabalha suas faculdades. Por isso, dos nossos corações daquele tempo caem as flores suaves do contentamento, assim como as folhas das árvores no outono, e, no lugar dos serenos e claros pensamentos, entra a nublada e turva tristeza, acompanhada por mil calamidades, de forma que não somente o corpo como também o ânimo estão enfermos e não têm, dos prazeres passados, senão uma tenaz memória e a imagem daquele tempo caro da tenra idade, época em que o céu e a terra parecem sempre fazer festa e rir aos nossos olhos e em nosso pensamento, como em um maravilhoso e vago jardim floresce a doce primavera de alegria. Portanto, talvez fosse útil, quando o sol de nossa vida já adentra a fria estação e desnuda-nos daqueles prazeres, caminhar em direção ao ocaso, perder, junto aos prazeres, sua memória e encontrar, como disse Temístocles, uma arte que engane a lembrança, pois são tão enganosos os sentidos de nosso corpo que, por vezes, enganam até o juízo da mente. Por isso, parece-me que os velhos estejam na condição daqueles que, partindo do porto, mantêm os olhos fixos na terra e têm a impressão de que o navio esteja parado, e a margem mova-se; mas, pelo contrário, o porto, assim como o tempo e os prazeres, ficam em seu estado, e nós, com o navio da mortalidade passando, seguimos, um após o outro, por aquele mar tormentoso que tudo absorve e devora; nem voltar à terra é-nos então permitido: ao contrário, sempre batidos por ventos contrários, finalmente, em algum rochedo, rompemos o navio. E, sendo o ânimo senil sujeito inadequado a muitos prazeres, não lhes pode apreciar; e, assim como até os vinhos preciosos e delicados parecem amarguíssimos para os febris, cujo paladar é estragado pelos calores corrompidos, para os velhos, por conta da indisposição, embora não lhes falte o desejo, os prazeres também parecem insípidos e frios e muito diferentes do que se recordam ter experimentado, apesar de os prazeres em si serem os mesmos. Porém, ao sentirem-se deles privados, lamentam-se e criticam o tempo presente como mau, sem perceber que aquela mudança provém de si, e não dos tempos. E, pelo contrário, invocando na memória os prazeres passados, reportam-se ao tempo em que os tiveram, e por isso os elogiam como bons, pois parece que trazem consigo o cheiro neles sentido quando eram presentes. Pois, de fato, nossas almas têm ódio de todas as coisas que acompanharam os nossos desprazeres e amam as que acompanharam os nossos prazeres.

Este é Castiglione, que expõe, com palavras não menos belas que redundantes, como costumam fazer os prosadores italianos, um pensamento muito verdadeiro. Para confirmá-lo, pode-se considerar que os velhos dão menos importância ao presente do que ao passado não só nas coisas que dependem do homem, mas também nas que não dependem, acusando-as igualmente de terem piorado, não tanto neles e em relação a eles, como é verdade, mas de modo geral e em si mesmas. Creio que todos se lembram de ter ouvido, dos velhos de seu tempo, assim como eu também ouvi, que os anos tornaram-se mais frios do que eram, e os invernos, mais longos, e que, na época deles, já na Páscoa costumava-se deixar de lado as roupas de inverno e usar as de verão, mudança que hoje só pode ser feita no mês de maio e, às vezes, de junho. Não faz muitos anos, físicos tentaram seriamente encontrar o motivo desse esfriamento das estações, que alguns alegavam ser provocado pelo desmatamento das montanhas, e outros, por não sei que outras coisas, para explicar um fato que não acontece; aliás, é justamente o contrário o que se nota, por exemplo, em certas passagens de autores antigos: que a Itália, nos tempos romanos, devia ser bem mais fria do que é agora. Algo em que se é possível acreditar, pois, por outro lado, mostrou-se, por experiência e por razões naturais, que o avanço da civilização humana tornou o clima dos países que habita cada vez mais ameno, efeito que foi e é evidente particularmente na América, na qual, digamos, de memória, uma civilização madura foi sucedida em parte por um estado bárbaro, em parte pela mera solidão. Mas os velhos, em sua idade sentindo o frio mais incômodo do que na juventude, creem ter acontecido às coisas a mudança que sentem em seu próprio estado e imaginam que o calor, que se vai dissipando neles, dissipa-se no ar ou na terra. Essa imaginação é tão fundamentada que aquilo que afirmam os velhos de nosso tempo já afirmavam os velhos de há um século e meio atrás, para não dizer mais, aos contemporâneos de Magalotti, que, nas cartas familiares, escrevia: «Ele está certo de que a ordem antiga das estações esteja-se pervertendo. Aqui na Itália, é comum ouvir falarem e reclamarem de que as meias-estações não existem mais, e, nesse desaparecimento de limites, não há dúvida de que o frio ganha terreno. Ouvi meu pai dizer que, quando era jovem, em Roma, na manhã de Páscoa, todos se vestiam com roupas de verão. Agora, quem não precisa empenhar o agasalho cuida-se bem para não vestir roupas mais leves do que as que usava no auge do inverno.» Isso escrevia Magalotti em 1683. A Itália seria atualmente mais fria que a Groenlândia, se tivesse continuado a esfriar na proporção narrada.

E é quase inútil acrescentar que o esfriamento contínuo, que dizem acontecer por motivos intrínsecos à massa terrestre, não tem interesse algum ao propósito atual, sendo algo que, por sua lentidão, não pode ser sentido em dezenas de séculos, muito menos em poucos anos.

XL.

Uma coisa odiosíssima é falar muito de si. Mas os jovens, quanto mais viva é sua natureza, e superior à mediocridade seu espírito, menos sabem guardar-se desse vício, e falam das coisas próprias com uma candura extrema, acreditando que quem ouve importa-se com elas um pouco menos do que eles mesmos. E, agindo assim, são perdoados, não tanto para contemplar a inexperiência, mas porque é patente a necessidade que têm de ajuda, de conselho e de desabafar as paixões, tempestuosas em sua idade. E parece também que pertença aos jovens, em geral, um direito de querer o mundo ocupado com seus pensamentos.

XLI.

Raras vezes são motivo de ofensa para o homem coisas ditas sobre ele em sua ausência, ou que não se pretendia que chegassem a seus ouvidos, pois, se ele quiser lembrar-se e examinar diligentemente seu próprio hábito, verá que não há amigo tão caro e pessoa que venere tanto sobre a qual não tenha quase cometido o gravíssimo desprazer de dar a entender muitas palavras e muitos discursos que lhe fugiram da boca em relação a esse amigo ou personagem quando ausente. Por um lado, o amor próprio é tão desmedidamente terno e tão capcioso que é quase impossível que uma palavra dita sobre nós sem nossa presença, se nos chegar fielmente, não nos pareça indigna ou pouco digna de nós e não nos aflija; por outro, é indizível o quanto nosso hábito é contrário ao preceito de não fazer para os outros aquilo que não queremos que façam para nós, e quanto a liberdade de falar a propósito dos outros é considerada inocente.

XLII.

O homem com pouco mais de 25 anos de idade experimenta um novo sentimento quando, de repente, percebe que é considerado, por muitos de seus companheiros, o mais velho entre eles e, pensando, vê que, de fato, há, no mundo, uma quantidade de pessoas mais jovens do que ele, sempre acostumado a ser posto no grau máximo da juventude, sem disputa alguma, e que, mesmo quando se considerava inferior aos outros em qualquer outra coisa, acreditava que ninguém o superasse na juventude; pois os mais jovens do que ele, pouco mais que crianças e raras vezes seus companheiros, não faziam parte do mundo, por assim dizer. Então, ele começa a sentir que o privilégio da juventude, considerada por ele quase como algo próprio de sua natureza e de sua essência, a ponto de não conseguir imaginar-se separado dela, não é dado senão por um tempo, e começa a preocupar-se com esse privilégio, tanto com ele em si como com a opinião dos outros sobre o assunto. Certamente, não se pode falar de ninguém, a não ser de um estúpido, que tenha ultrapassado a idade de 25 anos, depois da qual começa a perder-se a flor da juventude, sem realmente ter experimentado desventuras, pois, mesmo que o destino fosse próspero para alguns em todas as coisas, até estes, com o passar do tempo, tomariam consciência de uma desventura grave e amarga em meio a todas as outras, e talvez mais grave e amarga para quem, noutras coisas, é menos desventurado — ou seja, consciência da decadência ou do fim de sua cara juventude.

XLIII.

Há, no mundo, homens famosos pela retidão, dos quais se pode, sem esperar nenhum favor, não temer nenhum desfavor, se formos próximos deles.

XLIV.

Ao interrogar pessoas submetidas a um magistrado ou a qualquer ministro do governo acerca das qualidades e dos comportamentos destes, sobretudo no ofício, mesmo concordando as respostas com os fatos, encontraremos grande divergência ao interpretá-los. E, até quando as interpretações concordam, serão infinitamente discordantes os julgamentos, uns criticando as coisas que os outros exaltaram. Só no tocante a cobiçar ou não as coisas dos outros e do público, é possível encontrar duas pessoas, concordantes no fato e discordantes em sua interpretação ou julgamento, que simplesmente elogiam conjuntamente o magistrado por sua moderação ou o condenam por sua avidez. E parece que o bom e o mau magistrado não podem ser conhecidos ou avaliados senão pelo assunto do dinheiro: aliás, magistrado bom é o mesmo que moderado, magistrado mau, o mesmo que ambicioso. Parece também que o oficial público pode, a seu modo, dispor da vida, da honestidade e de qualquer outra coisa do cidadão e obter não só desculpas como elogios por seus feitos, sejam eles quais forem, desde que não toque em dinheiro. É quase como se o homem, discordando em todas as outras opiniões, concordasse somente em relação ao valor da moeda, ou como se a essência do homem fosse o dinheiro e nada mais que o dinheiro — o que mil indícios levam a crer que o gênero humano considere um axioma constante, sobretudo nos nossos tempos. A esse propósito, dizia um filósofo francês do século passado: os políticos antigos falavam sempre de costumes e de virtude, os modernos não falam de outra coisa senão de comércio e de moeda. E têm razão, acrescenta algum estudante de economia política ou aluno das gazetas filosóficas, pois as virtudes e os bons costumes não podem sustentar-se sem o fundamento da indústria, a qual, provendo as necessidades diárias e tornando fácil e segura a vida, tornará as virtudes estáveis e comuns a todos os tipos de pessoas. Muito bem. Enquanto isso, acompanhada pela indústria, a miséria do ânimo, a frieza, o egoísmo, a avareza, a falsidade e a perfídia mercantil, todas as qualidades e as paixões mais depravadoras e indignas do homem civilizado estão em vigor e multiplicam-se infinitamente. No entanto, esperam-se as virtudes.

XLV.

Grande remédio para a maledicência, bem como para as aflições do ânimo, é o tempo. Se o mundo critica algum hábito nosso ou comportamento, bom ou mau, não nos resta nada além de perseverar. Passado pouco tempo, tornando-se o assunto batido, os malfalantes o abandonam para buscar outros mais recentes. E, quanto mais firmes e imperturbados mostrarmo-nos ao seguir adiante desprezando os comentários, mais cedo aquilo que a princípio foi condenado, ou que parece estranho, será considerado razoável e normal: pois o mundo, que jamais acredita que quem não cede tem razão, no final, condena-se e absolve-nos. De forma que acontece algo muito sabido: que os frágeis vivem a vontade do mundo, e os fortes, a vontade própria.

XLVI.

Não é motivo de honra, não sei bem se para os homens ou para a virtude, ver que, em todas as línguas civilizadas, antigas e modernas, os mesmos vocábulos significam «bondade» e «tolice», «homem bom» e «homem tolo». Vários vocábulos desse gênero, como, em italiano, *dabbenaggine*, em grego *euethés*, *euétheia*, sem um significado próprio, que talvez fosse pouco útil, conservam ou tiveram, desde o início, somente o segundo significado. Muita gente estimou, em todos os tempos, a bondade, e os julgamentos e sentimentos íntimos sobre ela manifestam-se nas formas da linguagem, às vezes até à revelia de quem fala. Um julgamento comum de muitos, embora a linguagem contradiga o discurso, constantemente dissimulado, é que ninguém capaz de escolher escolha ser bom: os tolos são bons porque não podem ser outra coisa.

XLVII.

O homem é condenado a consumir a juventude sem propósito, a qual serve somente para gerar frutos para a idade seguinte e para prover o próprio estado, ou para ser gasta buscando prazeres naquela parte da vida em que ele não será mais apto a desfrutá-los.

XLVIII.

Pode-se compreender quão grande é o amor que a natureza deu-nos em relação aos nossos semelhantes por aquilo que um animal qualquer, e a criança inexperiente, fazem quando, de repente, vêm a própria imagem em um espelho comum. Acreditando ser a imagem uma criatura semelhante a si, enchem-se de furor e agitação e tentam, de todos os modos, fazer mal àquela criatura e matá-la. Os passarinhos domésticos, mansos por natureza e por hábito, chocam-se contra o espelho insistentemente, estrilando com as asas arquejadas e o bico aberto, e batem nele; e o macaco, quando pode, joga o espelho no chão e o tritura com os pés.

XLIX.

O animal, por natureza, odeia seu semelhante e, quando necessário ao interesse próprio, machuca-o. Por isso, nem das injúrias nem do ódio dos homens é possível fugir; de grande parte do desprezo, sim. De modo que, na maior parte das vezes, são pouco oportunos os obséquios que os jovens e as pessoas inexperientes prestam a quem lhes ocorre, não por vilania nem por outro interesse, mas por um desejo benévolo de não cair em inimizades e de conquistar ânimos. Desejo que não se resolve e que, de algum modo, fere-lhes a estima, pois, no obsequiado, cresce o conceito de si mesmo, enquanto, no obsequioso, ele diminui. Quem, com os homens, não busca a utilidade ou a fama, também não busca o amor, que não se obtém. E, se quiser ouvir meu conselho, mantenha a própria dignidade íntegra, restituindo a cada um não mais que o devido. Será tão odiado e perseguido assim como de outro jeito, mas não tantas vezes desprezado.

L.

Em um livro que os hebreus têm, com ditos variados, traduzido, como se diz, do árabe, ou, o que é mais plausível, segundo alguns, escrito mesmo em hebraico, lê-se, entre muitas outras coisas irrelevantes, que não sei qual sábio, tendo ouvido de alguém «quero-lhe bem», respondeu: «E por que não? Se você não é da minha religião, nem meu parente, nem próximo, nem alguém que me sustenta». O ódio em relação aos próprios semelhantes é maior com os mais semelhantes. Os jovens são, por mil razões, mais aptos à amizade do que os outros. Apesar disso, é quase impossível uma amizade duradoura entre dois homens que levem, igualmente, uma vida juvenil; refiro-me àquela espécie de vida que hoje se chama assim, ou seja, dedicada principalmente às mulheres. Ao contrário, entre esses é muito menos possível, tanto pela veemência das paixões como pela rivalidade no amor e pelos ciúmes que nascem inevitavelmente entre eles, e porque, como notou Madame de Staël, o sucesso dos outros com as mulheres sempre causa desprazer, inclusive ao melhor amigo do afortunado. As mulheres são, depois do dinheiro, algo em que a gente é menos tratável e menos capaz de fazer acordos, e motivo pelo qual conhecidos, amigos e irmãos mudam seu aspecto e sua natureza ordinária. Pois os homens são amigos e parentes, aliás, são civilizados e homens, não até o altar, como diz o provérbio antigo, mas até chegarem ao dinheiro e às mulheres: quando se tornam selvagens e bestas. E, nas coisas ligadas às mulheres, se é menor a inumanidade, a inveja é maior do que em relação ao dinheiro, pois, naquelas, tem maior envolvimento a vaidade, ou, melhor dizendo, porque está envolvido um amor próprio que, entre todos, é o mais íntimo e mais delicado. E, embora cada um faça o mesmo quando lhe é dada a ocasião, jamais se vê alguém sorrir ou dizer palavras doces a uma mulher sem que todos os presentes esforcem-se, aparentemente ou dentro de si mesmos, para não zombar amargamente dele. De modo que, embora a metade do prazer dos sucessos desse tipo, assim como dos outros, consista em narrá--los, é completamente inoportuno que os jovens comuniquem suas alegrias amorosas, sobretudo a outros jovens, pois não há discurso que possa aborrecer mais que esse. E, muitíssimas vezes, mesmo contando a verdade, são motivo de chacota.

LI.

Vendo como poucas vezes os homens, em suas ações, são guiados por um juízo reto sobre aquilo que pode ajudar ou prejudicar, percebe-se quão facilmente deve ser enganado quem, propondo-se a adivinhar alguma resolução oculta, examina sutilmente o que pode ser mais útil para aquele ou aqueles de quem se espera tal decisão. Diz Guicciardini, no início do 17º livro, falando dos discursos feitos a propósito das decisões que teria tomado Francisco I, rei da França, depois de sua liberação da fortaleza de Madri: «Aqueles que pensaram desse modo talvez tenham considerado mais o que deveriam fazer racionalmente do que a natureza e a prudência dos franceses; erro no qual frequentemente se cai ao consultar e julgar a disposição e a vontade dos outros». Guicciardini é talvez o único, entre os historiadores modernos, que conheceu muito os homens e filosofou acerca dos acontecimentos, seguindo o conhecimento da natureza humana, e não certa ciência política separada da ciência do homem e demasiado quimérica, da qual quase todos os historiadores serviram-se, sobretudo os franceses e ingleses, que quiseram discorrer sobre os fatos não se contentando, como a maior parte, em narrá-los em ordem, sem pensar além.

LII.

Ninguém pode acreditar ter aprendido a viver se não aprendeu a considerar as ofertas de ajuda que lhe são feitas, por quem quer que seja, um mero som de sílabas, principalmente as mais espontâneas, por mais solenes e repetidas que possam ser. E não só as ofertas de ajuda, mas os pedidos vivíssimos e infinitos que muitos fazem para que os outros se sirvam de suas possibilidades, e especificam os modos e as circunstâncias das coisas e as formas de acabar com as dificuldades. E se, por fim, convencido ou vencido pelo tédio dos pedidos insistentes, ou por algum outro motivo, você decidir revelar quais são as necessidades, verá a pessoa empalidecer imediatamente e mudar de discurso ou responder palavras sem importância, deixando-lhe sem uma solução. E, daí em diante, durante muito tempo, não será pouca sorte conseguir encontrar essa pessoa novamente, ou, ao lembrá-la por escrito, receber sua resposta. Os homens não desejam fazer o bem pela moléstia da coisa em si, ou porque satisfazer as necessidades e desventuras dos conhecidos dê-lhes algum prazer, mas amam a opinião dos benfeitores, a gratidão dos outros e aquela superioridade que advém do benefício. Por isso, oferecem aquilo que não querem dar: e, quanto mais o veem orgulhoso, mais insistem, primeiro para humilhá-lo e para fazer com que se envergonhe, depois porque não temem que suas ofertas sejam aceitas. Assim, com muita coragem, vão até o limite, desprezando o perigo real de tornarem-se impostores, com a esperança de que, no máximo, agradeçam-lhe, até que, ao primeiro sinal do pedido, põem-se em fuga.

LIII.

Dizia Bion, filósofo antigo: é impossível agradar a muitos, a não ser transformando-se em um doce, ou em um vinho doce. Mas esse impossível, enquanto durar o estado social, será sempre buscado, até por quem diz, ou acredita, não buscá-lo. Assim como, enquanto durar a nossa espécie, os que mais conhecem a condição humana continuarão até a morte buscando a felicidade e prometendo encontrá-la.

LIV.

Tenha-se por axioma geral que, salvo por um tempo curto, o homem, não obstante qualquer certeza e evidência das coisas contrárias, nunca deixa, em seu íntimo, e até escondendo dos outros, de acreditar naquelas coisas verdadeiras cuja crença é necessária para a tranquilidade de sua alma e, por assim dizer, para que ele possa viver. O homem de idade, principalmente se convive no mundo, jamais deixa de acreditar, até o fim, no segredo de sua mente, embora a todo instante declare o contrário: ou seja, acredita ainda poder impressionar as mulheres, por uma exceção singularíssima à regra universal, que ele mesmo ignora e não sabe explicar; pois seu estado seria mísero demais se ele se convencesse por completo de ter sido excluído totalmente e para sempre daquele bem no qual o homem civilizado, ora de um modo, ora de outro, e quando menos espera, deposita a utilidade da vida. A mulher licenciosa, embora veja todos os dias mil sinais da opinião pública em relação a si, crê constantemente ser considerada por todos honesta e que somente um pequeno número de seus confidentes, antigos e novos (digo pequeno em relação ao público), saiba e mantenha escondida do mundo, e inclusive uns dos outros, a verdade sobre o seu ser. O homem de comportamento vil, que, por sua própria indignidade e pela pouca coragem, teme os julgamentos dos outros, crê que suas ações sejam interpretadas do melhor modo e que seus verdadeiros motivos sejam compreendidos. Assim como nas coisas materiais, Buffon observa que o doente à beira da morte não acredita verdadeiramente nem nos amigos nem nos médicos, mas somente em sua íntima esperança, que lhe promete uma saída do perigo presente. Sem falar na estupenda credulidade e incredulidade dos maridos acerca das mulheres, assunto de novelas, de cenas, de brigas e de riso eterno nas nações em que o matrimônio é irrevogável. E assim por diante, não há nada no mundo tão falso nem tão absurdo que não seja considerado verdadeiro pelos homens mais sensatos sempre que o ânimo não encontra modo de conformar-se com o contrário e de ficar em paz. Não posso negar que os velhos sejam menos dispostos do que os jovens a mudar de opinião sobre o que lhes convêm e a abraçar as crenças que lhes oferecem, pois os jovens têm mais ânimo de erguer os olhos ao encontro dos males e mais disposição para suportar sua consciência, ou para arruinar-se com ela.

LV.

Uma mulher é motivo de riso se chora verdadeiramente o marido morto, mas é muito criticada se, por algum motivo ou necessidade grave, comparece em público ou deixa o luto um dia antes do costume. É uma máxima batida, mas não perfeita, que o mundo contenta-se com a aparência. Acrescente-se, para completar, que o mundo jamais se contenta e, frequentemente, não se importa com a essência e, muito frequentemente, não a tolera. O homem antigo empenhava-se mais em ser um homem de bem do que de aparência, mas o mundo pede que se pareça um homem de bem, e não que o seja.

LVI.

A franqueza, então, pode ajudar quando é usada intencionalmente ou quando, por sua raridade, é desacreditada.

LVII.

Os homens não se envergonham das injúrias que fazem, mas das que recebem. Porém, para conseguir que os injuriadores envergonhem-se, não há outro modo senão trocar de lugar com eles.

LVIII.

Os tímidos não têm menos amor próprio do que os arrogantes; pelo contrário, têm mais — ou melhor, são mais sensíveis e, por isso, temem e tomam cuidado para não ferir os outros, não porque lhes estimem mais do que os insolentes ou covardes, mas para evitar serem feridos, sabendo da extrema dor que sentem a cada ferida.

LIX.

Diz-se muitas vezes que, quando o estado das virtudes sólidas declina, crescem as aparentes. Parece que as letras estão sujeitas ao mesmo fato, ao ver como, em nosso tempo, quanto mais se torna ausente, não digo o uso, mas a memória das virtudes do estilo, mais cresce a nitidez das impressões. Nenhum livro clássico foi impresso em outros tempos com a elegância com a qual se imprimem hoje as gazetas e outras bobagens políticas, feitas para durar um dia: mas, da arte de escrever, não sabem nem entendem nada além do nome. E creio que o homem de bem, ao abrir ou ler um livro moderno, sinta piedade daqueles papéis e daquelas formas tipográficas tão nítidas, usadas para representar palavras tão horríveis e pensamentos, em grande parte, tão inúteis.

LX.

La Bruyère diz algo muito verdadeiro: que é mais fácil um livro medíocre adquirir fama em virtude de uma reputação já obtida pelo autor do que um autor ganhar reputação por conta de um livro excelente. A isso se pode acrescentar que, talvez, a via mais direta para adquirir fama é afirmar, com segurança e pertinácia, de todos os modos possíveis, tê-la conquistado.

LXI.

Ao sair da juventude, o homem é privado da propriedade de se comunicar e, por assim dizer, de inspirar os outros com sua presença. E, ao perder essa espécie de influência que o jovem exerce nos circunstantes e que os mantém ligados a ele e faz com que sintam sempre uma espécie de inclinação em relação a ele, percebe, não sem nova dor, que, quando está em companhia, está separado de todos e rodeado por criaturas quase tão sensíveis e indiferentes a ele quanto as privadas de razão.

LXII.

O primeiro fundamento para estar preparado para apresentar-se com sucesso nas ocasiões certas é apreciar muito a si mesmo.

LXIII.

O conceito que o artífice tem de sua arte, ou o cientista da própria ciência, costuma ser grande, em uma proporção contrária ao conceito que ele tem de seu próprio valor nela.

LXIV.

O artífice, cientista ou estudioso de uma matéria qualquer que tiver o costume de comparar-se não com outros estudiosos da mesma matéria, mas com ela mesma, por mais excelente que seja, menor conceito terá de si, pois, quanto mais profundamente ele conhece a matéria, menor se sente na comparação.

Assim, quase todos os grandes homens são modestos, pois se comparam continuamente não com os outros, mas com a ideia de perfeição que têm diante do espírito, infinitamente mais clara e maior que a do homem comum, e consideram o quanto estão distantes de consegui-la — enquanto os homens comuns acreditam facilmente e, talvez, às vezes, verdadeiramente não só ter conseguido como superado aquela ideia de perfeição que lhes cabe no ânimo.

LXV.

Nenhuma companhia é agradável a longo prazo, a não ser a de pessoas para as quais nos importe ou agrade sermos cada vez mais estimados. Por isso, as mulheres, desejando que sua companhia não deixe de agradar depois de um breve tempo, deveriam empenhar-se para fazer com que sua estima pudesse ser desejada de forma duradoura.

LXVI.

No século presente, acredita-se que os negros sejam de raça e origem totalmente diferente dos brancos e, apesar disso, totalmente iguais a eles nos direitos humanos. No século XVI, acreditava-se que os negros tinham uma origem comum com os brancos e pertenciam a uma mesma família, e teólogos espanhóis, sobretudo, sustentaram que, quanto aos direitos, eles fossem, por natureza e por vontade divina, muito inferiores a nós. Em um e no outro século, os negros foram e são vendidos, e comprados e forçados a trabalhar acorrentados sob açoite. Essa é a ética e o quanto as crenças, em matéria de moral, têm a ver com as ações.

LXVII.

Pouco apropriadamente, diz-se que o tédio é um mal comum. Comum é estar desocupado, ou melhor, ocioso; não entediado. O tédio não pertence senão àqueles em que o espírito é fecundo. Quanto mais produtivo é o espírito em alguém, mais frequente, penoso e terrível é o tédio. A maior parte dos homens encontra bastante ocupação em qualquer coisa e bastante prazer em qualquer ocupação insossa; quando está completamente desocupada, não sente grande pena. Por essa razão, os homens sensíveis são tão incompreendidos com relação ao tédio e fazem, por vezes, o homem comum maravilhar-se e rir quando falam e lamentam-se de tédio com as mesmas palavras graves usadas a propósito dos males maiores e mais inevitáveis da vida.

LXVIII.

O tédio é, de algum modo, o mais sublime dos sentimentos humanos. Não que eu acredite que, examinando esse sentimento, originem-se as consequências que muitos filósofos quiseram encontrar, mas, não obstante isso, não poder ser satisfeito por algo terreno nem, digamos, pela terra inteira. Considerar a amplitude inestimável do espaço, o número e a quantidade maravilhosa de mundos e achar que tudo é pouco e pequeno para a capacidade da própria alma; imaginar infinito o número de mundos, infinito o universo, e sentir que nosso ânimo e desejo seriam ainda maiores que esse universo; e sempre acusar as coisas de insuficientes e nulas, e sentir falta e vazio: por isso, o tédio parece-me o maior sinal de grandeza e de nobreza que se possa ver da natureza humana. Por isso, o tédio é pouco conhecido pelos homens de nenhum valor, e pouquíssimo ou nada conhecido pelos outros animais.

LXIX.

Da famosa carta de Cícero a Luceio, na qual ele o convence a compor uma história da conjuração de Catilina, e de outra carta menos conhecida e não menos curiosa, na qual Lúcio Vero, o imperador, pede a Frontão, seu mestre, para que escreva, como de fato ele fez, sobre a guerra contra os partas, que Vero comandou — cartas semelhantíssimas às que hoje se escrevem aos jornalistas, com a diferença de que os modernos pedem artigos de jornais, e aqueles, por serem antigos, pediam livros — pode-se argumentar, em parte, se é fidedigna a história, ainda que escrita por homens contemporâneos e muito estimados em seu tempo.

LXX.

Muitíssimos dos erros chamados de infantilidade, nos quais costumam cair os jovens inexperientes em relação ao mundo, e os jovens ou velhos condenados por natureza a parecerem sempre crianças, embora sejam homens feitos, se bem notarmos, não consistem senão nisto: que eles pensam e governam-se como se os homens fossem menos infantis do que são. Certamente, algo que, primeiro e talvez mais do que qualquer outra coisa, provoca surpresa no espírito dos jovens bem-educados, ao entrar no mundo, é a frivolidade das ocupações ordinárias, dos passatempos, dos discursos, das inclinações e dos espíritos das pessoas, frivolidade à qual eles se adaptam pouco a pouco, com o convívio, mas não sem sofrimento e dificuldade, parecendo, a princípio, que devem voltar a ser criança. E assim é realmente, pois o jovem de boa índole e boa disciplina, quando começa a viver, como se diz, deve necessariamente voltar atrás e abobar-se um pouco — e percebe estar muito enganado na crença que tinha de ter que se tornar homem em tudo e abandonar qualquer resquício de puerilidade. Muito pelo contrário, pois os homens, em geral, por mais que prossigam nos anos, continuam sempre a viver, em boa parte, infantilmente.

LXXI.

Da supracitada opinião que o jovem tem dos homens, isto é, acreditar que eles sejam mais homens do que são, deriva que ele se desconcerta a cada falha e pensa ter perdido a estima dos que a viram ou souberam dela. Então, dali a pouco se conforta, surpreso de que esses mesmos o tratam como antes. Mas os homens não estão tão prontos para perder a estima, pois não conseguiriam fazer diferente, e esquecem os erros, pois continuamente veem e cometem muitos. Nem são tão coerentes consigo mesmos, a ponto de, hoje, não admirarem facilmente alguém de quem, ontem, talvez rissem. E é claro o quanto nós mesmos frequentemente criticamos, inclusive com palavras assaz graves, ou ridicularizamos esta ou aquela pessoa ausente, nem por isso privada de qualquer forma de nossa estima, ou então tratada, quando está presente, com modos diferentes dos de antes.

LXXII.

Assim como o jovem é enganado nisso pelo temor, são enganados pela esperança aqueles que, ao perceberem terem diminuído ou caído na consideração de alguém, tentam reerguer-se por força de favores e agrados. A estima não é moeda de troca. Além do que, não sendo diferente da amizade nisso, é como uma flor, que, depois de pisada com força ou de ter apodrecido, não volta mais a ser o que era. Por isso, das chamadas humilhações, não se colhe outro fruto senão ser cada vez mais desconsiderado. A verdade é que o desprezo de quem quer que seja, mesmo injusto, é difícil de tolerar, e, ao serem tocados por ele, poucos são fortes a ponto de permanecer imóveis e não se utilizar de vários meios para libertar-se dele. É um vício muito comum dos homens medíocres usar a soberba e o desdém com os indiferentes e com quem demonstra importar-se com eles e, ao primeiro sinal ou suspeita de indiferença, tornar-se humildes para não sofrê-la e recorrer com frequência a atos covardes. Mas, até por essa razão, se alguém demonstra desprezá-lo, deve-se retribuí-lo com os mesmos sinais de desprezo, ou maiores; pois, segundo a verossimilhança, veremos o orgulho dessa pessoa transformar-se em humildade. E, de todo modo, ela não deixará de sentir dentro de si tal ofensa e, ao mesmo tempo, tal estima por você, suficientes para puni-la.

LXXIII.

Como quase todas as mulheres, normalmente os homens, em especial os mais soberbos, também se cativam e conservam-se com indiferença e desprezo, isto é, demonstrando falsamente, quando necessário, não se importar com eles e não os estimar. Pois a mesma soberba que um número infinito de homens usa com os humildes e com todos os que dão sinais de honrá-los faz com que eles se importem, preocupem-se e precisem da estima e do olhar dos que não se importam com eles, ou demonstram não ligar. Motivo que origina, não raramente, aliás, com frequência, não só no amor, uma lépida alternância entre duas pessoas: hoje, uma é considerada e não considera a outra; amanhã, considera a outra e não é considerada, e vice-versa, continuamente. Aliás, pode-se dizer que um jogo e uma alternância semelhantes aparecem mais ou menos em toda a sociedade humana, e que qualquer fase da vida é cheia de gente que, sendo olhada, não olha e, cumprimentada, não responde; que, sendo seguida, foge e, dando as costas ou desviando, vira, reverencia outra pessoa e corre atrás dela.

LXXIV.

Em relação aos homens grandes, e, em especial, em relação àqueles nos quais brilha uma extraordinária virilidade, o mundo é como a mulher. Não somente o admira, mas adora-o, pois sua força encanta-o. Frequentemente, como acontece com as mulheres, o amor direcionado a esses homens é tão grande quanto o desprezo que eles demonstram, quanto os maus tratos em suas ações e o temor que despertam. Assim, Napoleão foi adoradíssimo na França e, por assim dizer, cultuado pelos soldados, os quais chamava de «carne de canhão» e tratava como tal. Assim, tantos capitães, que fizeram julgamentos e uso semelhante dos homens, foram adoradíssimos por seus exércitos em vida e, hoje, nas histórias, fazem seus leitores apaixonarem-se. Até uma espécie de brutalidade e de extravagância que eles têm agrada, e não pouco, como acontece também com as mulheres em relação aos amantes. Por isso, Aquiles é perfeitamente amável, enquanto a bondade de Eneias e de Godofredo, bem como sua sabedoria e a de Ulisses, quase geram ódio.

LXXV.

Em muitas outras coisas, a mulher é quase como uma representação do que o mundo é em geral, pois a fraqueza é uma qualidade inerente a grande parte dos homens e, nos que têm mente, coração ou mão pouco forte, faz com que a maioria se assemelhe às mulheres no que diz respeito aos homens. Portanto, quase com as mesmas artes conquistam-se as mulheres e o gênero humano: com coragem misturada à doçura, tolerando as repulsas, perseverando firmemente e sem vergonha, conquistam-se não só as mulheres como os poderosos, os ricos, a maioria dos homens individualmente, as nações e os séculos. Assim como, com as mulheres, é preciso bater os rivais e criar espaço em torno a si, no mundo é necessário derrubar os adversários e os companheiros e abrir estrada sobre seus corpos. Abatem-se eles e os rivais com as mesmas armas, das quais duas são principais: a calúnia e o riso. Com as mulheres e com os homens, não conquista nada ou certamente tem pouquíssima sorte quem ama um amor não fingido e não morno e antepõe os interesses deles aos próprios. O mundo é como as mulheres: de quem o seduz, goza dele e pisa nele.

LXXVI.

Nada é mais raro no mundo do que uma pessoa habitualmente suportável.

LXXVII.

A saúde do corpo é considerada universalmente como o último dos bens, e poucos são na vida os atos e acontecimentos importantes nos quais a consideração da saúde, quando há, não é posposta a todo o resto. Isso ocorre, em parte, e não totalmente, porque a vida é principalmente dos sãos, os quais, como sempre acontece, desprezam ou não acreditam poder perder o que possuem. Para trazer um exemplo entre mil, são diversíssimos os motivos que fazem com que um lugar seja escolhido para fundar-se uma cidade e para que uma cidade cresça em número de habitantes; mas, entre esses motivos, talvez nunca esteja a salubridade do local. Pelo contrário, não há lugar na terra, por mais insalubre e triste que seja, no qual os homens não se acostumem a estar de bom grado, induzidos por alguma oportunidade. Muitas vezes, um local salubérrimo e desabitado fica próximo de outro pouco são e habitadíssimo; e se vê continuamente as pessoas abandonarem cidades e climas saudáveis para se dirigirem a climas rigorosos, a lugares não raramente insanos, e por vezes meio pestilentos, para onde são atraídas por outras comodidades. Londres, Madri e semelhantes são cidades com péssimas condições para a saúde, que, por serem capitais, todos os dias veem sua população aumentada pela gente que deixa as habitações saníssimas das províncias. E, sem sair das cidadezinhas próximas, Livorno, na Toscana, desde que começou a ser povoada, cresceu constantemente de população e cresce sempre por causa do comércio; e, às portas de Livorno, Pisa, lugar saudável e famoso pelo ar temperadíssimo e ameno, que já foi muito populosa quando era uma cidade ligada à navegação e poderosa, reduziu-se a um deserto e continua diminuindo cada dia mais.

LXXVIII.

Duas ou mais pessoas em um local público ou em uma reunião qualquer, rindo entre si de modo observável, sem que os outros saibam de quê, causam tanta apreensão em todos os presentes que a fala entre eles se torna séria, muitos emudecem, alguns vão embora, os mais intrépidos aproximam-se dos que riem, procurando ser aceitos para rir na companhia deles. Como se, em meio a pessoas no escuro, fossem ouvidos disparos de artilharia por perto, todos ficam agitados, sem saber quem pode ser atingido se a artilharia estiver carregada de balas. Rir concilia estima e respeito até dos desconhecidos, atrai a atenção de todos os circunstantes e, entre eles, confere uma espécie de superioridade. E, se acontecer de estar em um lugar qualquer, em que talvez não lhe deem importância ou tratem-no com soberba ou descortesia, não se deve fazer outra coisa senão escolher entre os presentes alguém que lhe pareça conveniente e, com ele, rir clara e abertamente uma risada persistente, mostrando o máximo possível que a risada vem do coração; e, se houver alguém que ri de você, ria com voz mais clara e com mais constância do que os que riem. Será muito azar se, ao perceberem seu riso, os mais orgulhosos e petulantes do grupo e os que lhe deram as costas não fugirem, depois de uma pequena resistência, ou não virem espontaneamente fazer as pazes ou buscar uma palavra sua, talvez declarando-lhe amizade. Grande entre os homens e aterrorizador é o poder do riso: contra o qual ninguém, em sã consciência, encontra-se protegido. Quem tem coragem de rir é dono do mundo, pouco diferente de quem está preparado para morrer.

LXXIX.

O jovem jamais conquista a arte de viver, ou seja, não tem sucesso na sociedade e não experimenta prazer algum no convívio social enquanto dura, nele, a veemência dos desejos. Quanto mais ele esfria, mais hábil se torna na relação com os homens e consigo mesmo. A natureza, benignamente, como de costume, ordenou que o homem não aprendesse a viver, a não ser na medida em que as causas do viver abrandem-se; que não saiba as vias para chegar aos fins, se não tiver deixado de apreciá-los como felicidades celestes e, quando alcançá-los, se não lhe trouxerem uma alegria mais do que mediana; que não sinta prazer, a não ser quando se tiver tornado incapaz de regozijos vivos. Muitos, nesse estado que menciono, encontram-se demasiadamente jovens em idade e, não raramente, são até bem-sucedidos, porque desejam pouco, tendo sido, em suas almas, antecipada a idade viril pela junção de experiência e engenho. Outros jamais atingem esse estado em sua vida: são os poucos para os quais a força dos sentimentos é tão grande a princípio que, no curso dos anos, não diminui; são aqueles que desfrutariam muito mais que os outros na vida, se a natureza tivesse destinado a vida ao prazer. Estes, pelo contrário, são muito infelizes e, até a morte, crianças em relação ao mundo, porque incapazes de aprender.

LXXX.

Ao rever uma pessoa que conheci jovem depois de alguns anos, sempre tenho a impressão de ver alguém que sofreu uma grande desventura. O aspecto da alegria e da confiança não é próprio senão da primeira idade; e o sentimento daquilo que se vai perdendo, dos incômodos físicos que crescem a cada dia, vai gerando, inclusive nos mais frívolos ou de natureza mais alegre, e até nos mais felizes, um rosto e um comportamento habitual que chamamos de sério e que, comparado ao dos jovens e das crianças, é realmente triste.

LXXXI.

Acontece na conversa o que acontece com os escritores, muitos dos quais, a princípio, considerados novos de ideias e capazes de exprimi-las originalmente, agradam muito; depois, na medida em que os lemos, entediam-nos, pois parte de seus escritos é imitação da outra. Assim é ao conversar: as pessoas novas muitas vezes são elogiadas e apreciadas por seus modos e discursos e, com o convívio, causam tédio e caem na estima, pois os homens, alguns menos e outros mais, quando não imitam os outros, necessariamente são imitadores de si mesmos. Porém, os que viajam, especialmente se são homens de algum engenho e dominam a arte de conversar, deixam facilmente de si, nos lugares por onde passam, uma opinião muito superior à verdadeira, pela oportunidade que têm de esconder o que é um defeito ordinário dos espíritos, isto é, a pobreza. Isso porque se acredita que aquilo que ele mostra em uma ou em poucas ocasiões, falando principalmente de assuntos pertinentes a si, nos quais, mesmo sem usar artifícios, é conduzido pela cortesia e pela curiosidade dos outros, não seja a sua riqueza toda, mas uma mínima parte dela, ou melhor, o dinheiro a gastar no dia e não, como frequentemente é, a soma toda ou grande parte dela. Essa crença permanece estável por falta de ocasiões que a destruam. Por outro lado, causas símiles fazem com que os viajantes estejam sujeitos a errar, superestimando pessoas com poucas capacidades, as quais surgem em seu caminho nas viagens.

LXXXII.

Ninguém se torna homem antes de ter uma grande experiência de si, a qual, revelando o homem para si mesmo e determinando sua opinião em relação a si próprio, determina de algum modo sua fortuna e seu estado na vida. Para essa grande experiência, até a qual todos no mundo não passam de crianças, a vida antiga proporcionava ocasiões infinitas e prontas. Mas, hoje, a vida dos indivíduos é tão pobre de fatos e de eventos dessa natureza que, por falta de ocasiões, boa parte dos homens morre antes de ter essa experiência e, portanto, quase tão criança quanto ao nascer. Nos outros, o conhecimento e o domínio de si costumam surgir de necessidades e infortúnios, ou de alguma grande ou forte paixão — e sobretudo do amor, quando o amor é uma grande paixão, o que não acontece a todos que amam. Mas, passada a paixão, no princípio da vida, como acontece com alguns, ou mais tarde, e depois de outros amores de menor importância, como parece ocorrer mais frequentemente, ao sair de um amor grande e apaixonado, o homem já conhece mediocremente seus semelhantes, entre os quais lhe conveio circular com desejos intensos e necessidades graves, talvez ainda não experimentadas; conhece, por experiência, a natureza das paixões, pois, se uma delas arde, acendem-se todas as outras; conhece a natureza e o temperamento próprio, sabe a medida das próprias faculdades e das próprias forças e já é capaz de julgar se e quanto convém esperar ou desesperar-se de si e, do que é possível entender em relação ao futuro, sabe que lugar lhe é destinado no mundo. Enfim, a vida, a seus olhos, tem um aspecto novo, que, para ele, já se transformou de algo sobre o qual ouviu em algo visto, de imaginado em real. E, no meio dela, ele talvez não se sinta mais feliz, porém mais potente que antes, isto é, mais apto a relacionar-se consigo mesmo e com os outros.

LXXXIII.

Se os poucos homens de valor verdadeiro, que buscam a glória, conhecessem, um por um, todos aqueles que compõem o público pelo qual eles se esforçam, com tanto sofrimento, para serem considerados, é possível que seu propósito esfriasse muito, ou fosse abandonado. Só que, de nosso espírito, não se pode subtrair o poder que o número de homens tem na imaginação: e vemos, infinitas vezes, que nós apreciamos, aliás, respeitamos, não digo uma multidão, mas dez pessoas reunidas em um cômodo, as quais, consideradas isoladamente, não têm valor nenhum.

LXXXIV.

Jesus Cristo foi o primeiro a mostrar claramente aos homens o adulador e mestre de todas as virtudes falsas, o detrator e perseguidor de todas as verdadeiras, o adversário de qualquer grandeza intrínseca e realmente peculiar do homem, o que debocha de qualquer sentimento elevado, se não o crê falso, e de qualquer afeto doce, se o crê íntimo, o escravo dos fortes, tirano dos fracos, odiador dos infelizes, que Cristo chamou de mundo, nome que persiste em todas as línguas cultas até o presente. Não creio que, antes de seu tempo, outros tenham tido essa ideia geral, que é tão verdadeira e, por isso, foi e será tão usada, nem me lembro de ter visto algum filósofo pagão dizê-la em um comentário único ou sob uma forma precisa. Talvez porque, antes daquele tempo, a vilania e a fraude não estivessem efetivamente maduras, e a civilização não tivesse chegado ao lugar em que grande parte de seu ser confunde-se com o da corrupção.

Este, a que me referi e que foi mostrado por Jesus Cristo, é o homem que chamamos de civilizado: ou seja, o homem que a razão e o engenho não revelam, que os livros e os educadores anunciam, que a natureza constantemente considera fabuloso e que só a experiência da vida torna possível conhecer e crer verdadeiro. E note-se que a ideia referida, embora geral, concorda em tudo com inumeráveis indivíduos.

LXXXV.

Nos escritores pagãos, a maioria dos homens civilizados, que chamamos de sociedade ou mundo, nunca é considerada ou mostrada resolutamente como inimiga da virtude, nem como corruptora das boas índoles e dos espíritos bem iniciados. O mundo inimigo do bem é um conceito assaz célebre no Evangelho e, nos escritores modernos, inclusive nos profanos, é tão ou quase tão desconhecido quanto era para os antigos. E isso não surpreenderá quem considerar um fato muito claro e simples, que pode servir de espelho a qualquer um que queira comparar, em matéria de moral, os estados antigos aos modernos: isto é, enquanto os educadores modernos temem o público, os antigos procuravam-no, e, enquanto os modernos fazem da obscuridade doméstica, da segregação e do retiro uma proteção dos jovens contra a pestilência dos costumes mundanos, os antigos tiravam a juventude da solidão, inclusive à força, e expunham sua educação e sua vida aos olhos do mundo, e o mundo aos olhos dela, considerando o exemplo mais adequado para educá-la do que para corrompê-la.

LXXXVI.

O modo mais correto de esconder dos outros os limites do próprio ser é não ultrapassá-los.

LXXXVII.

Quem viaja muito tem uma vantagem sobre os outros: os assuntos de suas recordações logo se tornam remotos, de modo que adquirem, rapidamente, um quê de vago e poético, que, nos outros, só é dado pelo tempo. Quem nunca viajou tem esta desvantagem: todas as suas recordações são de coisas de alguma forma presentes, pois presentes são os lugares aos quais cada memória sua refere-se.

LXXXVIII.

Acontece, não raramente, que os homens vazios e cheios de estima por si mesmos, em vez de serem egoístas e de espírito duro, como seria plausível, são doces, benévolos, bons companheiros, bons amigos e até muito solícitos. Como creem ter a admiração de todos, compreensivelmente adoram os que acreditam ser seus admiradores e os ajudam como podem, inclusive por julgarem que isso convém à superioridade, que pensam ter tido a sorte de ter. Conversam prazerosamente, pois acreditam que, no mundo, seu nome seja uma constante, e usam modos humanos, louvando-se internamente por sua afabilidade e por saberem adequar a sua grandeza, unindo-se aos pequenos. E notei que, na medida em que a estima por si mesmo cresce, cresce também a benevolência. Enfim, a certeza que eles têm da própria importância e do consenso do gênero humano em admiti-la tira de seus costumes qualquer aspereza, pois ninguém que está contente consigo e com os homens tem costumes ásperos. E isso gera neles uma tranquilidade tal que, algumas vezes, eles até adquirem aspecto de pessoas modestas.

LXXXIX.

Quem se comunica mais tarde com os homens raras vezes é misantropo. Verdadeiros misantropos não se encontram na solidão, mas no mundo: pois a experiência da vida, e não a filosofia, é o que faz odiar os homens. E, se um misantropo retirar-se do convívio social, perde a misantropia no retiro.

XC.

Conheci um menino, que, todas as vezes em que era contrariado pela mãe em algo, dizia: «Ah, entendi, entendi: a mamãe é malvada». Não com outra lógica, a maior parte dos homens diz o mesmo em relação ao próximo, apesar de não expressar seu discurso com tanta simplicidade.

XCI.

Quem lhe apresenta a alguém, se quiser que a recomendação tenha efeito, deve deixar de lado suas qualidades mais reais e singulares e dizer as mais extrínsecas e pertinentes à fortuna. Se você é grande e poderoso no mundo, diga «grande e poderoso»; se rico, diga «rico»; se nada mais que um nobre, diga «nobre»; não diga «magnânimo», nem «virtuoso», nem «educado», nem «amoroso», nem outras coisas do gênero, se não como acréscimo, embora sejam qualidades verdadeiras e em grau elevado. E, se você for um literato e, como tal, for famoso em algum lugar, não diga «douto», nem «grande engenho», nem «sumo», mas diga «famoso»: pois, como eu disse em outro lugar, a fortuna tem sorte no mundo, não o valor.

XCII.

Diz Jean-Jacques Rousseau que a verdadeira cortesia dos modos consiste no hábito de mostrar-se benevolente. Essa cortesia talvez nos preserve do ódio, mas não garante o amor, a não ser dos pouquíssimos para os quais a benevolência dos outros é estímulo a ser correspondido. Quem quiser, no que é possível com as maneiras, ganhar a amizade dos homens, aliás seu amor, deve demonstrar estimá-los. Assim como o desprezo ofende e desagrada mais do que o ódio, a estima é mais doce do que a benevolência;

e, em geral, os homens importam-se mais com, ou, certamente, mais desejam ser elogiados do que amados. As demonstrações de estima, verdadeiras ou falsas (que, de todo modo, são acreditadas por quem as recebe), obtêm quase sempre a gratidão; e muitos dos que não ergueriam um dedo em favor de quem os ama de verdade lançar-se-ão calorosamente por quem demonstrar apreciá-los. Essas demonstrações são também poderosíssimas para reconciliar os ofendidos, pois parece que a natureza não nos permite odiar uma pessoa que diz nos estimar. De modo que não somente é possível, mas muito frequentemente observado, homens odiarem e fugirem de quem lhes ama, aliás, de quem lhes faz bem. Pois, se a arte de cativar o ânimo na conversa consiste em fazer com que os outros saiam da conversa mais contentes de si mesmos do que quando chegaram, é claro que os sinais de estima serão mais valiosos para conquistar os homens do que os de benevolência. E, quanto menos a estima for um dever, mais fácil será demonstrá-la. Aqueles que têm o hábito da gentileza, que são pouco menos que cortesãos em todos os lugares onde se encontram, disputando a corrida pelos homens, voam, como as moscas ao mel, à doçura de acreditar serem considerados. E, na maior parte das vezes, são elogiadíssimos: pois, dos elogios que fazem a cada um ao conversarem, nasce um grande concerto dos elogios que todos fazem a ele, parte por reconhecimento, e parte porque é do nosso interesse que sejam elogiados e estimados aqueles que estimamos. Dessa maneira, sem perceber, os homens, talvez todos contra a própria vontade, mediante o acordo para celebrar essas pessoas, elevam-nas, na sociedade, muito acima de si mesmos, a quem elas continuamente dão sinais de considerarem-se inferiores.

XCIII.

Muitos homens, aliás, quase todos, que, por si mesmos e pelo que dizem os conhecidos, creem ser estimados na sociedade não têm outra estima senão a de um tipo particular de companhia, de uma classe ou qualidade de pessoas, à qual pertencem e na qual vivem. O homem de letras, que acredita ser famoso e respeitado no mundo, vê-se deixado de lado ou escarnecido sempre que lhe ocorre a companhia de pessoas frívolas, gênero que compõe três quartos do mundo. O jovem galã, festejado pelas mulheres e pelos seus iguais, é ignorado e aniquilado na sociedade dos homens de negócios. O cortesão, que seus companheiros e empregados cobrirão de cerimônias, será indicado com um riso ou evitado pelas pessoas ociosas. Concluo que, em minha opinião, o homem não pode esperar e, portanto, não deve desejar conquistar a estima da sociedade, mas de algumas pessoas; e, em relação aos outros, contentar-se de ser, às vezes, totalmente ignorado e, às vezes, mais ou menos desprezado, pois dessa sorte não é possível esquivar-se.

XCIV.

Quem jamais deixou lugares pequenos, onde reinam as pequenas ambições e a avareza comum, com um ódio intenso de uns contra os outros, considera imaginários os grandes vícios, assim como as sinceras e sólidas virtudes sociais. E a amizade, em particular, acredita ser coisa pertencente aos poemas e às histórias, não à vida. Mas se engana. Não como Pílades ou Pirítoo, mas há, no mundo, amigos bons e cordiais, e não são raros. Os favores que se pode esperar e pedir a esses amigos, digo daqueles possíveis no mundo, são de palavras — que, por vezes, têm tanta utilidade —, ou mesmo, algumas vezes, de ações; e, muito raramente, os relacionados a bens. O homem sábio e prudente não deve pedir favores em bens. É mais fácil encontrar quem coloque a vida em perigo por um estranho do que alguém que, não digo gaste, mas arrisque um escudo por um amigo.

XCV.

Nisso os homens têm uma desculpa, pois é raro alguém que tenha realmente mais do que precisa; e as necessidades dependem quase principalmente de hábitos, e as despesas, em geral, são proporcionais às riquezas e, muitas vezes, maiores. Os poucos que acumulam sem gastar têm essa necessidade de acumular para seus projetos ou para necessidades futuras ou temidas. Não importa que essa ou aquela necessidade seja imaginária, pois demasiado poucas são as coisas da vida que não consistem totalmente, ou em grande parte, de algo imaginado.

XCVI.

O homem honesto, com o passar dos anos, torna-se facilmente insensível aos elogios e às honras, mas nunca, creio, à desaprovação e ao desprezo. Pelo contrário, o louvor e a estima de muitas pessoas egrégias não compensarão a dor causada por uma atitude ou um sinal de desprezo de um homem qualquer. Talvez com os tratantes aconteça o contrário, que, por serem acostumados com a desaprovação e não acostumados com o elogio verdadeiro, fiquem insensíveis àquela e, a este, não — caso lhes aconteça de receber algum.

XCVII.

Parece um paradoxo, mas, com a experiência da vida, percebemos que é muito verdadeiro que os homens, chamados pelos franceses de originais, não só não são raros, como são tão comuns que eu mesmo diria que a coisa mais rara na sociedade é encontrar um homem que não seja, como se diz, original. Não falo de pequenas diferenças de homem para homem, falo de qualidades e modos próprios de uma pessoa, que, para a outra, serão estranhas, bizarras, absurdas; e digo que raras vezes lhe ocorrerá de conviver com uma pessoa civilizadíssima na qual não se descubra, nem em seus modos, uma estranheza, uma absurdez ou uma bizarrice que surpreenda.

Essa descoberta levará mais cedo a outros que não os franceses, mais cedo, talvez, a homens maduros ou mais velhos do que a jovens, que, muitas vezes, ambicionam tornar-se iguais aos outros e que ainda, se são bem-educados, costumam esforçar-se para isso. Porém, mais cedo ou mais tarde você perceberá isso na maior parte daqueles com os quais convive. Pois a natureza é variada, e é impossível que a civilização, que tende a uniformizar os homens, vença, enfim, a natureza.

XCVIII.

Semelhante à observação acima escrita é a seguinte: qualquer um que tenha ou que teve alguma relação com os homens lembrar-se-á, repensando um pouco, de ter sido não digo muitas, mas muitíssimas vezes espectador ou até parte de cenas reais nada diferentes daquelas que, vistas nos teatros ou lidas nos livros de comédia ou nos romances, são consideradas falsas, distantes do natural, por motivos artísticos. Isso não significa outra coisa senão que a maldade, a tolice, os vícios de todo tipo e as qualidades e ações ridículas dos homens são muito mais frequentes do que pensamos ser e que, talvez, não sejam críveis quando ultrapassam os sinais que consideramos normais, além dos quais estaria o excessivo.

XCIX.

As pessoas não são ridículas, exceto quando querem parecer ou querem ser o que não são. O pobre, o ignorante, o rústico, o doente ou o velho nunca são ridículos enquanto se contentam em parecer o que são e mantêm-se nos limites postos por suas qualidades, mas sim quando o velho quer parecer jovem, o doente, sadio, o pobre, rico, o ignorante, dar uma de instruído, o rústico, de cidadão. Os próprios defeitos corporais, por mais graves que fossem, não despertariam mais do que um riso passageiro se o homem não se esforçasse para escondê-los, ou não quisesse demonstrar que não os têm, o que é o mesmo que querer ser diferente do que é. Quem observar bem verá que nossos defeitos ou desvantagens não são ridículos em si, mas sim o esforço que fazemos para ocultá-los, e o querer agir como se não os tivéssemos.

Aqueles que, para parecer mais amáveis, fingem uma característica moral diferente da própria erram feio. O esforço, que, depois de pouco tempo, é impossível sustentar sem que se torne evidente, e a contradição da característica falsa com a verdadeira, que, do começo ao fim, transparece continuamente, tornam a pessoa muito mais detestável e desagradável do que ela seria demonstrando franca e constantemente ser quem é. Qualquer característica, por mais infeliz que seja, tem um lado não feio, que, por ser verdadeiro, se demonstrado oportunamente, agradará muito mais do que qualquer bela qualidade falsa.

E, em geral, querer ser o que não somos estraga qualquer coisa no mundo; e, por isso, muitas pessoas, que seriam amabilíssimas se apenas se contentassem em ser quem são, tornam-se insuportáveis. Não só as pessoas, mas grupos e populações inteiras. E eu conheço várias cidades do interior, cultas e floridas, que seriam lugares muito agradáveis de morar, não fosse por uma imitação irritante que fazem das capitais, ou seja, por quererem parecer capitais, e não cidades do interior.

c.

Voltando aos defeitos ou desvantagens que alguém pode ter, não nego que, muitas vezes, o mundo seja como aqueles juízes que, mesmo convencidos, são por lei vetados a condenar o réu, se ele próprio não confessar expressamente o delito. Na realidade, o fato de ser ridículo ocultar, com esforço evidente, os próprios defeitos não faz com que eu considere louvável que eles sejam confessados espontaneamente e, menos ainda, que uma pessoa demonstre-se inferior aos outros por causa deles. O que não seria diferente de condenar a si mesmo com a sentença final que o mundo, enquanto você tiver a cabeça erguida, jamais irá pronunciar. Nessa espécie de luta de um contra todos, e de todos contra um, em que consiste a vida social, se quisermos chamar as coisas por seus nomes, cada um tentando abater o companheiro para pôr seus pés sobre ele, engana-se muito quem se prostra, e mais ainda quem se curva e inclina a cabeça espontaneamente; pois não há dúvida (exceto quando essas coisas são feitas por simulação, como estratagemas) de que logo as pessoas próximas montarão sobre ele e golpeá-lo-ão no pescoço, sem cortesia nem misericórdia alguma no mundo. Quase sempre cometem esse erro os jovens, principalmente quando têm a índole mais gentil: ou seja, confessar cada pequena desvantagem e infortúnio que têm, sem necessidade e inoportunamente, agindo, em parte, pela franqueza própria da idade, que os faz odiar a dissimulação e ter prazer em afirmar, até contra si mesmos, a verdade, e em parte porque, como são generosos, acreditam conseguir, com esses modos, o perdão e a graça do mundo para suas desventuras. A idade de ouro da vida erra tanto em relação à verdade das coisas humanas que mostra até a infelicidade, pensando que esta os torna amáveis e os faz conquistar os espíritos. Para dizer a verdade, não deixa de ser muito compreensível que pensem assim, e que somente uma longa e constante experiência própria convença as almas gentis de que o mundo perdoa facilmente qualquer coisa, menos a desventura; de que a fortuna tem sorte, e não a infelicidade, e de que aquela, e não esta, deve ser mostrada o máximo possível, a despeito da verdade; de que a confissão dos próprios males não causa piedade, mas prazer, não entristece, mas alegra não só os inimigos, e sim qualquer um que a ouça, pois é quase um atestado de inferioridade própria, da superioridade do outro e de que, não podendo o homem confiar em outra coisa a não ser em sua própria força, nada lhe deve fazer ceder nem dar um passo atrás voluntariamente, e muito menos ceder sem condições, mas resistir defendendo-se até o fim e, malgrado o destino, lutar com esforço obstinado para manter ou conquistar, se puder, o que nunca lhe será dado pela generosidade dos próximos ou da humanidade. Creio que ninguém deva sofrer, nem se for chamado diretamente de infeliz ou desventurado, palavras que, em quase todas as línguas, foram e são sinônimos de trapaceiro, talvez por crenças antigas de que a infelicidade fosse uma pena pelo comportamento indigno, e que, certamente, em todas as línguas, exatamente por isso são e serão ultrajantes: pois quem as profere, seja qual for a intenção, sente que essas palavras elevam-no e rebaixam seu companheiro, o mesmo sendo sentido por quem as ouve.

CI.

Ao confessar os próprios males, por mais evidentes que sejam, o homem frequentemente prejudica ainda mais sua estima e, portanto, o afeto que têm por ele as pessoas caras, porque é preciso que cada um sustente-se com braços fortes e que, em qualquer estado, e a despeito de qualquer infortúnio, demonstrando uma estima própria firme e segura, dê exemplo de estima aos outros e quase os obrigue, com sua própria autoridade. Pois, se a consideração de um homem não partir dele mesmo, dificilmente partirá de outro lugar; e, se não tiver fundamento solidíssimo nele, dificilmente se manterá em pé. A sociedade dos homens é semelhante aos fluidos, cujas moléculas ou glóbulos pressionam fortemente os vizinhos de baixo, de cima e de todos os lados, e, através deles, pressionam os distantes e são pressionados do mesmo modo: se a resistência e a reação diminuírem em algum lugar, em um instante todo o volume do fluido direciona-se furiosamente para lá, e o lugar é ocupado por glóbulos novos.

CII.

Os anos da infância são, na memória de cada um, como os tempos fabulosos de sua vida; assim como, na memória das nações, os tempos fabulosos são os de sua infância.

CIII.

Os elogios feitos a nós têm a força de tornar estimáveis, em nosso juízo, matérias e capacidades que antes criticávamos, sempre que acontecer de sermos elogiados em relação a elas.

CIV.

A educação que recebem, especialmente na Itália, os que são educados (que, para dizer a verdade, não são muitos), é uma traição formal urdida pela fraqueza contra a força, pela velhice contra a juventude. Os velhos dizem aos jovens: «Fujam dos prazeres próprios de sua idade, porque todos são perigosos e contrários aos bons costumes e porque nós, que aprendemos o que pudemos e que, se pudéssemos, ainda aprenderíamos muito, não estamos mais aptos para isso por causa da idade. Não se importem em viver o presente, mas sejam obedientes, sofram e esforcem-se o quanto puderem para viver quando não houver mais tempo. A sabedoria e a honestidade pedem que o jovem abstenha-se o máximo possível de desfrutar da juventude, exceto para superar os outros nos esforços. Da sorte e das coisas que têm importância, deixem que cuidemos nós, que faremos tudo como nos convier. Na idade de vocês, fizemos tudo ao contrário e voltaríamos a fazê-lo, se isso rejuvenescesse; mas ouçam nossas palavras e não nossas atitudes passadas, nem nossas intenções. Acreditem em nós, que conhecemos e somos experientes nas coisas humanas: agindo assim, serão felizes». Eu não sei o que é engano e má-fé, se prometer a felicidade aos inexperientes com essas condições não o for.

O interesse da tranquilidade comum, doméstica e pública é contrário aos prazeres e às atitudes dos jovens, e, por isso, até a boa educação, ou a que assim é chamada, consiste, principalmente, em enganar os alunos para que coloquem a comodidade própria depois da dos outros. Mas, fora isso, os velhos tendem naturalmente a destruir, por quanto é possível, e a anular da vida humana a juventude, espetáculo que os aborrece. Em todos os tempos, a velhice conjurou contra a juventude, porque, em todos os tempos, foi própria do homem a maldade de condenar e perseguir, nos outros, os bens que mais se desejam para si mesmos. Porém, não podemos deixar de notar que, entre os educadores, talvez os únicos do mundo que professam buscar o bem dos outros, encontrem-se tantos que tentam privar seus alunos do maior bem da vida, que é a juventude. E, mais notável ainda, é que jamais um pai, uma mãe ou um instrutor sintam remorso na consciência por darem a seus filhos uma educação que parte de um princípio tão maligno. Isso só causaria mais surpresa, se, durante muito tempo, tentar abolir a juventude não tivesse sido considerada, por outros motivos, uma atitude apreciável.

O fruto dessa cultura maléfica ou voltada ao proveito do cultivador, arruinando a planta, é que os alunos, tendo vivido como velhos na idade florida, tornam-se ridículos e infelizes na velhice, querendo viver como jovens; ou então, como acontece com mais frequência, a natureza vence, e os jovens, vivendo como jovens, a despeito da educação, rebelam-se contra os educadores, os quais, se tivessem ajudado os alunos a usar e a desfrutar suas faculdades juvenis, teriam conseguido controlá-los por meio da confiança, que nunca teriam perdido.

CV.

A astúcia, que é parte do engenho, muitíssimas vezes é empregada para suprir a escassez deste e para vencer, nos outros, a maior quantidade dele.

CVI.

O mundo ri das coisas que lhe conviria admirar e critica, como a raposa de Esopo, aquelas que inveja. Uma grande paixão, com grandes consolações de grandes sofrimentos é invejada universalmente — e, por isso, criticada mais calorosamente. Um hábito generoso e uma ação heroica deveriam ser admirados, mas, se os homens admirassem-nas, especialmente em seus iguais, sentir-se-iam humilhados — e, por isso, em vez de admirarem, riem. Isso vai tão além que, na vida comum, é necessário dissimular com mais diligência a nobreza da ação do que a vilania, pois a vilania é comum a todos e, portanto, ao menos perdoada; a nobreza é contra os costumes e parece indicar presunção ou pedir elogios, o que o povo e principalmente os conhecidos não adoram fazer com sinceridade.

CVII.

Muita estupidez é dita em companhia por vontade de falar. Mas o jovem, que tem alguma consideração por si mesmo, assim que entra no mundo, erra facilmente de outro modo: para falar, espera que lhe ocorram coisas de beleza ou importância extraordinária. E, assim, esperando, acontece que não fala nunca. A conversa mais sensata do mundo e a mais espirituosa são compostas por ditos e discursos frívolos ou batidos, que servem, de todo modo, para passar o tempo falando. E é necessário que grande parte do que alguém diz seja comum, para poder dizer as coisas incomuns somente algumas vezes.

CVIII.

Os homens, enquanto são imaturos, fazem grande esforço para parecerem homens feitos; e, quando já o são, para parecerem imaturos. Oliver Goldsmith, autor do romance *O vigário de Wakefield*, ao chegar à idade de quarenta anos, tirou de seu endereço o título de Doutor, por ter-se tornado odiosa, na época, aquela demonstração de seriedade que lhe era cara nos primeiros anos.

CIX.

O homem é quase sempre tão malvado quanto precisa. Se comporta-se com retidão, podemos julgar que a maldade não lhe é necessária. Vi pessoas de costumes muito doces, inocentíssimas, cometerem ações das mais atrozes para escapar de um dano grave, que não poderia ser evitado de outra maneira.

CX.

É curioso ver que quase todos os homens que valem muito têm maneiras simples; e que, quase sempre, as maneiras simples são tidas como indício de pouco valor.

CXI.

Um hábito silencioso na conversa agrada e é elogiado quando se sabe que a pessoa que cala tem coragem e aptidão suficientes para falar.

Biblioteca Âyiné

1. Por que o liberalismo fracassou?
Patrick J. Deneen
2. Contra o ódio
Carolin Emcke
3. Reflexões sobre as causas da liberdade e da opressão social
Simone Weil
4. Onde foram parar os intelectuais?
Enzo Traverso
5. A língua de Trump
Bérengère Viennot
6. O liberalismo em retirada
Edward Luce
7. A voz da educação liberal
Michael Oakeshott
8. Pela supressão dos partidos políticos
Simone Weil
9. Direita e esquerda na literatura
Alfonso Berardinelli
10. Diagnóstico e destino
Vittorio Lingiardi
11. A piada judaica
Devorah Baum
12. A política do impossível
Stig Dagerman
13. Confissões de um herético
Roger Scruton
14. Contra Sainte-Beuve
Marcel Proust
15. Pró ou contra a bomba atômica
Elsa Morante
16. Que paraíso é esse?
Francesca Borri
17. Sobre a França
Emil Cioran
18. A matemática é política
Chiara Valerio
19. Em defesa do fervor
Adam Zagajewski
20. Aqueles que queimam livros
George Steiner
21. Instruções para se tornar um fascista
Michela Murgia
22. Ler e escrever
V. S. Naipaul
23. Instruções para os criados
Jonathan Swift
24. Pensamentos
Giacomo Leopardi
25. O poeta e o tempo
Marina Tsvetáeva

Composto em Baskerville e Helvetica
Belo Horizonte, 2022

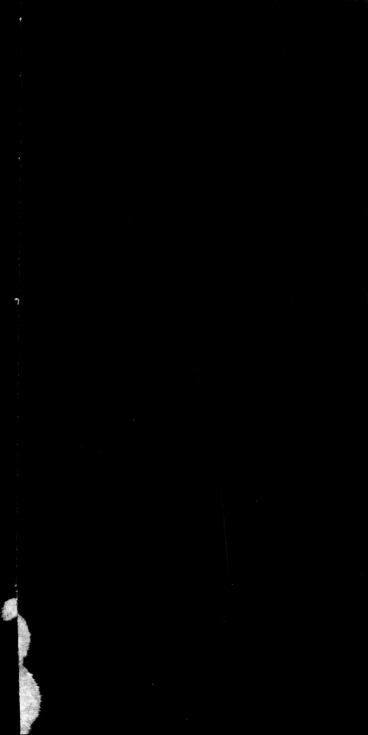